SANAR CON VIDAS PASADAS

SARITA SAMMARTINO

SANAR
CON VIDAS PASADAS

Regresiones. Curaciones con orientación chamánica. Testimonios

EDICIONES KEPLER
Argentina – Chile – Colombia – España
Estados Unidos – México – Perú – Uruguay – Venezuela

1.ª edición Marzo 2017

Reservados todos los derechos. Queda rigurosamente prohibida, sin la autorización escrita de los titulares del *copyright*, bajo las sanciones establecidas en las leyes, la reproducción parcial o total de esta obra por cualquier medio o procedimiento, incluidos la reprografía y el tratamiento informático, así como la distribución de ejemplares mediante alquiler o préstamo público.

Copyright © 2017 by Sarita Sammartino
All Rights Reserved
© 2017 *by* Ediciones Urano, S.A.U.
Aribau, 142, pral. – 08036 Barcelona
www.edicionesurano.com

ISBN: 978-84-16344-01-7
E-ISBN: 978-84-16990-10-8
Depósito legal: B-3.271-2017

Fotocomposición: Ediciones Urano, S.A.U.

Impreso por: Rodesa, S.A. – Polígono Industrial San Miguel – Parcelas E7-E8
31132 Villatuerta (Navarra)

Impreso en España – *Printed in Spain*

Índice

Prólogo	11
Introducción	17
1. Historias que sanan	21
2. Sanando el dolor de la pérdida	37
3. Señales	49
4. Herramientas de sanación	55
5. Terapia de regresión a vidas pasadas	59
6. La sanación chamánica en la regresión	77
7. Reencarnación	83
8. Karma	99
9. La reencarnación en la historia de Occidente	107
10. Renacimiento	119
11. No todo se olvida	139
12. Víctima, victimario, rescatador	151
13. Patologías y regresiones	165
14. Neurosis y regresiones	185
15. Regresión a distancia	197
16. Experiencias de las almas en la Luz	203
Bibliografía recomendada	217

*«Asomarse al misterio íntimo en el que la onda primera se desdobla. Círculo del mundo, círculo del yo.
En el hueco del círculo una huella, casi invisible.
La de un secreto espeluznante, perdido para siempre y sin cesar recobrado.
Jamás, quizá, como antes de comenzar este libro, he sentido este temor y esta alegría.»*

Eliana Amado Lévy

Prólogo

Cuando nacemos, llegamos a la Tierra conectados a nuestra alma a través de nuestras madres. Si nos gusta o disgusta nuestra madre, no importa, ya que ella siempre será el conducto para la conexión de nuestra alma. Reconocer esto es saber que es la humanidad misma la partera del cosmos. Un chamán siempre honra al Dios Madre-Padre y al despliegue de la humanidad como generadores del cosmos. Cuando llegamos a este mundo, encarnamos la mente subconsciente, que contiene todas nuestras vidas en la Tierra, así como los temas no resueltos de las encarnaciones pasadas. Venimos con un plan antes de encarnarnos que inscribimos dentro de nuestros cuerpos energéticos, y dentro de nuestros chakras. En el despliegue del tiempo, abrimos nuestros chakras para sanar y comprender todas nuestras vidas y hacer las paces, como también, para satisfacer el deseo de volver a ver a alguien a quien hemos perdido en el pasado, o de triunfar y encontrar nuestra independencia del sufrimiento y la dominación.

Como un poste totémico, nuestros ancestros llegaron a la conclusión de que hay muchos mundos interpenetrando este: el mundo de abajo del subconsciente o inconsciente colectivo, el mundo consciente del medio, y la perspectiva más alta del águila, de las estrellas, el panorama general de nuestro Yo Superior. Llegamos con un plan de vida que debemos seguir en nuestras vidas hasta que hayamos agotado nuestro encuadre kármico. Nuestras vidas necesitan un encuadre, una perspectiva, que se despliega a través del tiempo para satisfacer deseos, cumplir promesas que hemos hecho en vidas anteriores, y construimos nuestra vida como un mandala. Podemos vivir la vida al máximo con pasión, o resistir nuestras experiencias y escapar de nuestros traumas. La meta es la auto-aceptación; realizarnos como personas completas habiendo aprendido las lecciones; refinando y desarrollando el carácter lo suficiente como para aceptar mayores responsabilidades, integrando los muchos yoes dentro de un patrón más grande.

El propósito de la vida es disfrutarla. Aprendemos que seguir nuestra propia felicidad es muy diferente que tratar de hacer felices a los demás. Nuestro servicio a la vida es hacer de ella algo mejor de lo que era cuando llegamos a este mundo. Cuando nos encarnamos, pudimos elegir nacer de quienes nos mataron antes, para permitir a nuestros actuales padres que nos den oportunidades en la vida, y de ese modo compensen sus errores pasados, y nosotros sanemos nuestras heridas de desamor. Pero si ellos nos traicionan al no desarrollarse ellos mismos por no seguir su plan de vida, nos sentimos traicionados, abandonados, y creamos fuertes deseos de dejar este mundo. Para encontrar nuestro lugar en este mundo a pesar de los planes kármicos a menudo difíciles e intensos, necesitamos la perspectiva del águila para saber que estamos eligiendo todo desde una perspectiva más elevada.

Venimos a la vida sabiendo que somos responsables de nuestras elecciones, desde nuestro nacimiento hasta la muerte, por numerosas razones kármicas. Cuando agotamos nuestro karma, y nos damos cuenta de que ya no podemos hacer que las relaciones imposibles funcionen, nos movemos para ver desde una perspectiva más amplia. El corazón, al romperse, se abre. Cuando no necesitamos ya la aprobación de nuestros padres o cónyuges y finalmente nos aprobamos nosotros mismos, nos movemos hacia la integridad, la gratitud y el respeto a la vida. No hay dos planes kármicos iguales, pero se entretejen en la trama de la vida y de la consciencia de cada ser viviente. El desenlace de nuestras vidas pasadas y la resolución de todo el karma dan lugar a la liberación, la plenitud, la realización y la simplicidad. Cuando estamos libres de lazos kármicos, estamos despertando a nosotros mismos y nuestra contribución a la vida. Pero como por lo común no somos objetivos con nosotros mismos, a menudo necesitamos una guía como Sarita, para ayudar a facilitar esta apertura a una perspectiva más abierta y desplegada del Ser.

Siempre hemos vivido. Somos seres infinitos. Podemos vivir en el mundo espiritual, que es el mundo real. Podemos encarnarnos en este mundo, con sus polos negativo y positivo, para entender la negatividad y crear un equilibrio dentro de nosotros mismos.

Un propósito de la vida es que adquiramos experiencia para tomar decisiones informadas, para liberar juicios. Tenemos el desafío en este mundo, como guerreros, de poder ver a través de nuestras propias ilusiones, que nosotros hemos creado, para sentir el pulso de la divinidad en nosotros mismos y en los demás a través del desarrollo más profundo o más elevado.

La vida es un desafío constante, tal como lo atestiguan las 22 lecciones al ser humano, que se indican en las cartas de los Arcanos Mayores del Tarot y de los caminos y esferas del Árbol de la Vida. Estas lecciones son los caminos de cada alma, descubiertas por el mundo antiguo, y constantemente vivido, entendido y desarrollado en cada encarnación.

Muchas almas nunca se encarnan en la Tierra, y prefieren el mundo espiritual, el aprendizaje solo allí y en otros mundos. Aquellos que vienen a la Tierra son guerreros que, a lo largo de muchas encarnaciones, comienzan a conocer su creación única y a sí mismos.

Llegar a ser agradecidos, buscar la divinidad en la vida cotidiana, y ver desde la perspectiva del águila, ese es el propósito de la vida. Dejar la vida mejor de lo que la encontramos, esa es la meta. La vida es para aquellos que tienen un propósito y establecen objetivos para girar con la rueda de la existencia.

Lo que contribuimos a la rueda de la vida es lo que vuelve a nosotros. La vida es una rueda de la fortuna energética. Creamos nuestra propia fortuna. Lo que ponemos en la rueda de la vida es lo que vuelve amplificado. Esta es la rueda de Buda o la gran rueda medicinal de los chamanes. Somos responsables de lo que ponemos en la vida, cómo respondemos, cómo establecemos nuestras intenciones, cómo sentimos y actuamos. Todo lo que vuelve a nosotros mientras creamos nuestra vida. Somos cien por cien responsables.

Antes de encarnar, elegimos lo que podemos utilizar en una sola vida, y modificamos nuestro plan de vida para lograr que sea factible. Prácticamente, elaboramos planes de vida en detalle como un contrato antes del nacimiento, cuando aún teníamos claridad y conciencia. Sarita ha aprendido esto y lleva a las personas a través de la rueda de la vida, mostrándoles que la verdadera terapia es kármica, y que podemos liberarnos de las relaciones pasadas que nos ataban, y darnos cuenta de cómo estamos sanando nuestras percepciones.

Sarita los guía a través de sus proyectos de vida individuales y del futuro que se está creando en cada acción, decisión y sentimiento. Ella le muestra a usted, a cada lector, cómo el tiempo es una ilusión construida para que maduremos nuestra percepción, ya que estamos en un cuerpo.

Usted aprende en este libro que es un espíritu en la carcasa de un cuerpo. El cuerpo regresa a la Tierra después de la transición de la muerte, y el espíritu viaja de nuevo hacia el mundo del alma, a su verdadero hogar, y celebra sus logros durante su breve tiempo en la Tierra. Cuanto más nos conocemos a nosotros mismos, mejor vamos a entender los orígenes de la vida, las primeras madres, y a encontrar nuestro lugar en el cosmos como educadores, maestros, sanadores y seres cósmicos. A través de la celebración de nuestras vidas, nos encontramos con la gracia y la paz interiores, a partir de la perspectiva del águila, que es emocionante, totalizadora, perpetua, y más amplia.

Todos regresamos al mundo espiritual, nuestro verdadero hogar, más allá de la muerte, y Sarita nos recuerda conectarnos con nuestra guía interior mientras estamos en la Tierra, para finalmente aceptarnos a nosotros mismos y tener compasión por nuestras vidas.

FOSTER PERRY

El alma de mi hijo

«Nos vamos a volver a encontrar, te quiero; siempre te voy a querer, deja que cada uno haga su duelo, te voy a pedir que me ayudes a hacer el mío, que seas feliz, así voy a ser más feliz aquí, que todo el amor que siento por tí te ayude a encontrar la felicidad. Fui muy feliz viviendo con vosotros, os quise mucho y vosotros me quisísteis mucho a mí; yo me tengo que ir, vosotros estaréis bien. El amor que me tenéis es suficiente para sanar la herida, recordarme con amor pero no con tristeza. Mi misión ya estaba cumplida, yo vine a este mundo a traerte felicidad, para que sepas que puedes ser feliz, espero que te sirva para ser feliz a pesar de que ya no esté».

Este mensaje lo recibí un día en mi consultorio, a través de una paciente que hacía una regresión. Era el alma de mi hijo. Más allá del mensaje personal, nos muestra a todos una verdad sobre la realidad espiritual: nos habla de una misión, de un plan previo, y de un reencuentro. Pero sobre todo, que él está vivo y en otra dimensión, que está bien, que quiere que estemos bien, que es importante, deseable y posible ser feliz a pesar del dolor, y que la comunicación entre la dimensión física y la espiritual es plenamente posible. Esta señal, recibida después de la muerte de mi hijo, fue confirmándose por muchos otros casos en todo este tiempo, durante regresiones que son las pequeñas historias de las almas que escucharemos y tendrán su espacio en este libro.

Introducción

«No somos seres humanos teniendo una experiencia espiritual. Somos seres espirituales teniendo una experiencia humana.»

Pierre Teilhard de Chardin

Este libro comenzó a escribirse sin que yo lo supiera, solo tuve que recordarlo.

Pero no fue fácil, no lo es. No me gusta exponerme ni exponer a los demás. Pido perdón si alguno reconoce en estas páginas su propia historia o se ve reflejado en ellas y no es de su agrado. No es mi intención herir a nadie. Lo pensé mucho, lo dudé mucho…, pero el libro se impuso, quiso nacer.

A todos nos gusta ayudar al prójimo, esta es una gran oportunidad. Gracias en nombre de los lectores a todos mis pacientes, alumnos, amigos y familiares por ser, a través de su testimonio, espejo de su dolor, y también guía en el proceso de sanación. Gracias por la confianza. Gracias por permitirme cumplir mi misión. Y sobre todo, gracias por brindarnos el honor de escuchar sus historias: las historias del alma en su largo camino de evolución. Algunas están en este libro, con nombres y datos personales cambiados para proteger su identidad, otras lo inspiraron y le dieron sustento.

Podríamos decir que esta historia comenzó cuando mi vida cambió abruptamente al morir mi hijo en un accidente a la edad de diez años. Dicen que es el peor dolor que puede atravesar una persona, dicen que no es natural que una madre o un padre vea morir a sus hijos, peor aún si son pequeños. Supongo que ha de ser verdad, aunque es difícil cuantificar el dolor, saber cuánto sufre una persona. Me atrevería a decir que no deberíamos andar comparando el sufrimiento. ¿Acaso podemos asegurar que es peor perder un hijo a verlo sufrir, o que un niño quede huérfano, a que un adolescente quede postrado de por vida, o que una joven atraviese una cruenta enfermedad?

Todos son dolores muy profundos y cada cual los vive a su modo. Hacemos lo que podemos para entender, para sanar, para estar mejor el tiempo que nos toque vivir. A veces las explicaciones que recibimos no alcanzan para comprender lo que nos sucede, las terapias resultan insuficientes y las creencias religiosas no nos consuelan del todo. Por eso, cualquiera que sea la situación dolorosa o crítica que estén atravesando en este momento, lo que deseo brindarles desde la profundidad de mi alma es un poco más de esperanza, y mucha sanación, mostrarles que somos parte de algo superior, que nuestra verdadera naturaleza es espiritual y estamos aquí en la Tierra para vivir nuestra experiencia y aprender, que todo dolor tiene un sentido dentro de un contexto más amplio, que así como morimos, volveremos a nacer.

Quiero hacerles llegar un mensaje sobre una realidad que nos trasciende, contándoles mi propia historia y también las de otros, relatos que llegaron a mí de la mano de sus protagonistas: personas vivas y otras físicamente muertas, algunas conscientes de ese estado, otras no, unas ya en la Luz, y otras detenidas en el plano físico. Pero todas, almas valientes que tienen historias inspiradoras para contar, enseñándonos sobre *la vida, la muerte, y el más allá.*

A través de estos testimonios pretendo demostrarles, queridos lectores, no solo que la muerte como extinción total no existe, sino que, así como estamos vivos en esta vida, lo hemos estado en otras y probablemente lo estaremos en otras más, hasta que salgamos de la rueda de la reencarnación. Esta ley es parte del orden superior que hay detrás del caos aparente. Tal vez querer demostrar suene un poco pretencioso, así que me conformaré con mostrar, dejar ver, despertar una inquietud, y que cada cual tome lo que quiera o lo que pueda.

Muchos de los testimonios los recibí dentro del marco de una técnica psicoterapéutica llamada «*regresión a vidas pasadas con orientación chamánica*». Si bien la regresión no se hace para investigar y obtener información, sino con una finalidad terapéutica —aliviar el dolor, el síntoma, de la persona que consulta—, la historia surge igual, ya que contarla, revivirla, es el mejor remedio para liberar el dolor. Dentro del contexto de esta terapia puede expresarse el alma, la verdad más profunda de cada uno; así como puede expresarse también algún espíritu que está junto a nosotros, y sea la causa de nuestro malestar.

Estos relatos están entretejidos con mi propia historia de sanación.

Escuchemos lo que estas almas valientes tienen para decir; en muchas historias sonará el eco de la nuestra. Es mi manera de dar testimonio de que nuestra verdadera naturaleza es espiritual, que estamos sujetos a la ley de la reencarnación hasta que podamos liberarnos de ella, y que no estamos solos en el Universo.

Les invito a que, por un rato, piensen con el corazón, lean el libro con la mente abierta a nuevas ideas y con el alma libre de prejuicios.

1
Historias que sanan

Los chamanes, reunidos con su tribu alrededor del fuego, cuentan historias. Historias que alimentan el alma de quienes las escuchan. ¿Para qué lo hacen? Para ayudarnos a cambiar la nuestra en lugar de lamentarnos. Tendemos a contar y contar a quien nos quiera escuchar cómo fuimos lastimados, sobre nuestra mala suerte, la maldad del otro, las injusticias de la vida... Lo contamos tantas veces... Le ponemos tanta atención, tanta energía, que hacemos una huella profunda en la memoria hasta quedar atrapados. Y después nos preguntamos por qué seguimos ahí, recreando siempre la misma realidad: la que concuerda con nuestro relato.

Los sanadores y sabios chamanes, *los brujos de la tribu*, hombres y mujeres de los pueblos originarios ya sabían esto, entonces contaban historias diferentes: sobre animales, niños, hombres y mujeres, héroes de sus propias vidas, que después de caer profundamente en el olvido de sí mismos recordaron, escucharon la llamada del alma, y dejando de lamentarse, se pusieron en pie: vencieron dragones, encontraron tesoros, volvieron a la casa del padre, recuperaron su piel de foca, resurgieron de entre las cenizas... o simplemente, volvieron a sonreír.

Los chamanes siguen contando estas historias una y otra vez junto al fuego..., hasta que el alma de quien escucha recuerde, entienda, se alimente y crezca..., salga de la cueva del dragón, del lamento, de la inercia, y empiece a escribir una nueva historia: la que vino a vivir.

Una nueva historia

Todo comenzó aquella tarde cuando salí de una cabaña de madera en un lugar de montaña, a los tres meses de la muerte de mi hijo de diez años en un accidente. Me invitaron unas personas que yo no conocía a un encuentro poco habitual con una vieja mujer que ya *había partido* no solo de esta vida, sino de muchas más, como ella me dijo cuando le conté que me dedicaba a la Terapia de Regresión a Vidas Pasadas. «*Qué interesante* —me dijo—, *yo he vivido muchas vidas*». No pretendo que me crean todavía, y no son importantes los detalles del encuentro. Solo diré que esta *anciana*, que había vivido en ese mismo lugar años atrás, utilizó, para presentarse ante mí y otras pocas personas que estaban presentes, el cuerpo de un mortal como nosotros: es lo que se llama *mediumnidad*. Para hablarnos, necesitaba utilizar la voz de este buen hombre, que tenía el don de *prestarle su cuerpo* por unos momentos. Mi hijo contactó con ella, o a la inversa, no lo sé. Tal vez coincidió que en esas montañas habíamos pasado juntos nuestras últimas vacaciones. Solo sé que esta *señora* me mandó llamar para comunicarme sus mensajes, diciendo que mi hijo «*quería comunicarse con sus padres antes de Navidad*». Sus primeras palabras fueron: «*Mamá, no tienes que estar triste, vienes de una luz muy pura*». Me aclaró luego que su muerte no había sido *un accidente*, sino la manera que había *elegido él para salir del plano*, su misión ya estaba cumplida. También reveló detalles e hizo gestos, como morderse el guante, que solo él y yo podíamos conocer. Cuando le pregunté a esta *mujer* por el perro de mi hijo, me contestó que no tenía ningún perro (lo cual era cierto, llegó a casa después), «*pero tiene un caballo* —agregó—, *y quiere que lo dejen suelto en el campo, solo él lo va a montar*». Todavía está ahí, libre, salvaje. Muy especial fue la petición de que le regaláramos su látigo a un niño que había estado con él en el accidente y estaba sufriendo mucho. Un gesto de amor muy propio de mi querido hijo. Al principio nosotros no recordábamos que lo tuviera, creímos que era un error, o peor aún, un indicio de que todo era falso. Llegamos de vuelta a casa, y por *casualidad*, lo encontramos en un rincón sobre la chimenea... ¡Y ahí recordamos: se lo habíamos quitado por pegarle con él a su hermana, y allí había quedado olvidado! Hicimos lo que nos pidió. Fue su manera de decirle al amigo y primo, que «*todo estaba bien*».

Esta *señora*, además, me enseñó a utilizar *el péndulo*, que es un método de adivinación y sanación. Ella había sido una gran experta, dicen. Su péndulo de madera todavía estaba ahí. Gracias Alwine, siempre te recordaremos con mucho amor.

La respuesta que escuché antes de retirarme de esa inusual reunión en la cabaña, a mi pregunta (típica de todo buscador espiritual) «*¿cuál es mi misión?*», fue lo que dio aliento de vida a este libro: «*tu misión es contar que la muerte no existe*», me respondió.

Demasiado para mí

Para ese entonces, ya había comenzado mi camino de acercamiento al mundo espiritual, después de haber pasado por una etapa en mi vida en la que llegué a tener la certeza de que cuando el cuerpo era depositado en las entrañas de la Madre Tierra, todo el Ser iba con él. No era desesperanza, solo era así nada más: una postura tan respetable como otra. Había abandonado la creencia religiosa de la infancia y la espiritualidad había muerto con ella. Agradezco a mi psicoterapeuta de ese entonces, que me acercó la oportunidad de conocer la filosofía oriental y la visión del ser humano que comunicaba el doctor Deepak Chopra a comienzos de los 90. Me capturó su manera de explicar la existencia de lo divino y sacro en el Universo, donde la espiritualidad no era propiedad de ninguna religión. Me formé con él, y pude poco a poco abrirme nuevamente a creer que había algo más allá de la muerte del cuerpo físico. Pero nada evita que el dolor nos atraviese el corazón igual, por más espirituales o *elevados* que seamos. Y así debe ser, para eso tenemos las experiencias: para vivirlas en profundidad, ser transformados por ellas, y «*dejarlas ir*» cuando llega el momento en que podemos volver a levantarnos.

En mi desconsuelo, cuando mi hijo murió, comencé a buscar, a buscarlo. Esto me llevó a interesarme profundamente en el *más allá*. La motivación era obvia: allí estaba lo que había perdido. El mundo espiritual fue mi campo de investigación. No paré hasta encontrar alguna respuesta válida y comprobable, y un mundo nuevo se desplegó ante mí. En ese momento dejé de *creer* para *saber* que la muerte es solo un pasaje a otra dimensión, hacia la que todos vamos y de la que todos venimos en nuestro afán de evolución.

Pero decirle al mundo «*la muerte no existe*», era demasiado para mí todavía.

Mi camino

Cuando me licencié como psicóloga, después de haber probado en otras carreras, aún seguía buscando. No me sentía entusiasmada con la práctica psicoterapéutica tradicional que había estudiado y experimentado. Al poco tiempo conocí la meditación. Eso cambió mi vida. Supe que la sanación de las personas es incompleta si nos quedamos solo al nivel de la mente. Sentí que me abría por primera vez a una dimensión desconocida, profunda, verdadera. Percibí que había allí un potencial de transformación que apenas había vislumbrado antes. Experimenté la alegría, la paz, el éxtasis y la certeza, que llegan al descorrerse los velos de la ilusión de separación entre nosotros y el Todo. Había tenido un encuentro con mi alma, mi identidad más profunda. Mi visión del ser humano comenzó a cambiar.

Corrían épocas de acercamiento entre Oriente y Occidente: sanación energética, chacras, afirmaciones, meditación, visualización, yoga… La meditación y el yoga ahora son practicados por los empresarios más pragmáticos, los médicos la recomiendan, se incluye en los gimnasios, etc., pero antes no era así. Mis alumnos decían que meditar era egoísta porque uno cerraba los ojos y se dedicaba un rato solo a uno mismo, y no al prójimo. El yoga era extraño. A mi madre le preguntaron si yo estaba en una secta.

Ahora se multiplican las ofertas de todo tipo de terapias con las combinaciones más osadas, los nombres más estrafalarios y con efectos específicos para cada tipo de problema. Los caminos a Roma son casi infinitos, tanto que a veces marea. Pero lo más importante es que la espiritualidad, merced a su emancipación de la religión, pudo permear otras áreas de la vida. Entre ellas la psicología, bueno, no *la oficial,* pero sí la que sana en profundidad, la que considera al ser humano en su totalidad, y posibilita que las personas puedan experimentar su verdadera naturaleza y percibir que la vida posee un sentido mucho más amplio que al que la mente racional puede acceder. Eso es sanador.

La coronación de mi camino en esta búsqueda personal y vocacional fue el descubrimiento de la herramienta de sanación más profunda y eficaz que experimenté conmigo y mis pacientes: La

Terapia de Vidas Pasadas con orientación en Sanación Chamánica, en la que me especialicé y que enseño.

Estudié Terapia de Vidas Pasadas con José Luis Cabouli y trabajé luego junto a él. Me inicié en la Sanación Chamánica de la mano de Foster Perry. La combinación de estas técnicas sanadoras es una síntesis maravillosa, que ya Cabouli había iniciado. Luego me formé en otras tradiciones chamánicas y en el *chamanismo esencial* de la Fundación en Estudios Chamánicos de Michael Harner. El aprendizaje continúa día a día. Y descubrí mi misión en esta vida.

Ahora con mi experiencia de muchos años, puedo decir que *«soy testigo de una realidad que nos trasciende»*. Por ello es que deseo compartir todo esto con ustedes: el aprendizaje alcanzado en mi contacto directo con las almas —elevadas, perdidas y encarnadas—, mi propio proceso de sanación, y algunas reflexiones. Muchas historias, para ayudar a aliviar el dolor de quienes todavía sangran por las heridas del alma.

Conversaciones con mi hijo

Transcribo ahora un fragmento de lo que yo titulé *Conversaciones con mi hijo*. Recibí el mensaje a través del método del péndulo que me había enseñado esa amable *señora* de la cabaña en la montaña. El péndulo es simplemente un peso que pende de un hilo o cadena y al tomarlo con dos dedos, los brazos relajados y la intención puesta en alguna pregunta, esperamos la respuesta que nuestra consciencia capta y se manifiesta en el movimiento del péndulo. Puede moverse contestando por *sí* o por *no*, o dirigirse en un diagrama como abanico a una respuesta en particular, o ir formando la frase letra por letra. Este fue el método que utilicé para esta conversación con el alma de mi hijo:

«(…)
—¿Algo más me querés decir?
—TE QUIERO.
—¿En qué puedo ayudar a otros?
—En mostrarles CÓMO HONRAR HIJOS PERDIDOS.
—¿Cómo se los honra?
—SIENDO FELICES.
—¡¿Pero cómo!?
—PERDÓN A TI MIZMO (él era un poquito ceceoso)».

El cuaderno de tapas doradas

Un lunes 8 de diciembre, salía del templo de Abydos, al norte de Luxor, Egipto. Este templo está dedicado a Osiris, llamado *el dios de los muertos*. «*Osiris, al ser asesinado por su hermano Seth, creó el mundo astral, el mundo más allá de la muerte. Lo que creó Osiris en la tierra de los muertos era más vida, un mundo maravilloso donde los muertos podían vivir; el lugar de La Justicia, el lugar de La Verdad: el Jol. Él les enseñó a las almas que vivían para siempre cómo construir casas hermosas y maravillosas para vivir en ellas*», narra Foster Perry, gran chamán y contador de historias, en un viaje con él a Egipto. Al salir del templo, en mi cuaderno de tapas doradas, escribí esta frase:

«La muerte de mi hijo fue la llave de acceso a mi crecimiento espiritual».

Pero no fue tan simple llegar a esta conclusión. Fue un largo proceso. Pensamientos, emociones, alegrías y desilusiones que las antiguas piedras de Egipto trajeron a mi memoria. Recuerdos que habían permanecido enterrados como las pirámides en la arena, por ser demasiado dolorosos. En el desierto de Luxor, fui evocando mis primeros pasos, cuando comencé a levantarme de una caída que parecía sin fin.

Los primeros pasos

Todos aquellos que hayan perdido a alguien muy cercano o atravesado un dolor muy grande, saben a lo que me refiero, los que no, les cuento: es como si la Tierra se hubiera abierto de golpe y nos tragara un abismo oscuro e interminable. Pero termina. Un día nos damos cuenta de que no nos hemos hundido, ni nos fuimos a ninguna parte, solo parte del alma se fue y hay que recuperarla, y lo que es seguro, el cuerpo quedó aquí en la Tierra... ¡Y necesitamos recomponerlo! A veces esto es una desilusión, habríamos preferido que la tierra nos tragara. Pero la tierra no traga (salvo en los terremotos). Sentimos que no tenemos fuerza ni interés, pero hay que volver, traer nuevamente el alma al cuerpo. Y eso es muy difícil, no porque no se pueda, sino porque *no estamos tan convencidos de que sea eso lo que queremos*. Pero no hay opción.

Al menos no hay opción sana, de las otras hay muchas, pero no las recomiendo porque solo alargan el sufrimiento. Si en lugar de pararnos temblorosamente sobre nuestro pies y ensayar nuestros primeros pasos —aunque no sepamos hacia dónde, solo que es para adelante—, decidimos —sí, decidimos— seguir tirados sin avanzar, sumidos en la desesperanza, en la desolación, en la ira contra el Creador, contra la vida misma, corremos el riesgo de volvernos a hundir.

Por eso digo que *no hay opción, hay que levantarse*. Para nuestra consternación el mundo no se paró: el cuerpo pide comida, el diario sigue llegando todas las mañanas, los pájaros cantan, hay que hacer las compras… ¡El mundo tuvo el atrevimiento de seguir girando! Eso es lo que sentimos. También mucha soledad.

Todo sirve para algo, pero…

Empecé a caminar y luego a pensar. Revisé mis teorías sobre el sentido de la vida. Todo eso que había aprendido y enseñado tanto tiempo y con convicción. Pero esas palabras muy familiares se me hacían ahora trilladas: «*todo dolor sirve para el aprendizaje y el crecimiento; para nuestra evolución*».

«*Pero cuando el dolor es inmenso, su justificación debería ser llegar a la iluminación, para que la balanza esté medianamente equilibrada*», pensé abrumada, consciente de que se estaba desmoronando sobre mi cabeza el único sistema conocido de creencias que me podía sostener, ya que era evidente que en los años que me quedaran de vida no iba a llegar a tanto.

Me senté en la arena, recostada sobre una roca que había conocido a Osiris, y tomé temblorosa mi cuaderno de tapas doradas para dejar constancia de lo que verdaderamente sentía: «*no hay crecimiento y aprendizaje que justifique semejante dolor…*». «*Frase terrible que surgió de los fantasmas del pasado, dejando sin sentido el sufrimiento humano, el dolor de los inocentes, la vida misma*», reflexioné, recostada en las afueras del antiguo templo con los pies hundidos en la arena, como habían estado antes mis recuerdos. En eso, el viento del desierto movió mi pluma, y pronto me descubrí completando mi frase con estas palabras: «*salvo que lo comprendas dentro del marco de la reencarnación*».

Lo que mi alma intentaba explicarme era que no es posible alcanzar *la perfección espiritual* en el término de una sola vida, pero sí lo es si tenemos muchas oportunidades, muchas vidas para aprender. La arena del desierto susurraba en mi oído, recordándome que las almas son chispas divinas que encarnan en el planeta Tierra para evolucionar, y a veces eligen el sufrimiento para aprender. Súbitamente surgió en mi memoria otra frase: *todo lo que nos sucede lo hemos creado nosotros.* Y mi corazón respondió: «*Es muy fácil de aceptar esta idea cuando todo nos va bien, pero muy difícil cuando algo terrible sucede…*». ¡Qué razón tenía! Es muy peligrosa si se la toma a la ligera, ya que puede generar culpa, resentimiento y aumentar el dolor. Así, continué escribiendo en mi querido cuaderno, mientras sentía que algo subterráneo en mí emergía a la superficie; un estado de reminiscencia que confundía los tiempos, mi mirada se posaba sobre las piedras a medio enterrar en la arena del desierto y los secretos guardados en las pirámides egipcias susurraban con el viento. Me sentí parte de varias vidas simultáneas, paralelas, como dijera Plutarco. Sentí vibrar infinitas voces en mi interior, multitudes secretas, todos los siglos… Las voces de la sabiduría acumulada en tantas vidas. Entonces, desde el fondo de mi alma surgió una frase como un oasis, y escribí temblorosa y como en trance: «*ahora veo que la muerte de mi hijo es el desafío, la puerta, la clave de acceso a mi crecimiento espiritual*».

Poco a poco mi corazón fue sanando

En momentos de crisis, para muchos es difícil cuestionarse o incorporar nuevas visiones, o a veces por el contrario, es una gran oportunidad para ensanchar los horizontes. Mi deseo más profundo es que este libro traiga alivio y esperanza a todos, más allá de las creencias y la religión. La filosofía perenne, las verdades profundas, base de las religiones y valores humanos, trascienden las fronteras de doctrinas, dogmas y religiones organizadas.

Saber que un dolor enorme o una crisis profunda puede enriquecernos con un crecimiento, un aprendizaje, es mucho más que un intento de consuelo. Muchos se han vuelto mejores personas, más sabias y espirituales, o se han sentido impulsadas a hacer algo importante para que este mundo sea un lugar un poco mejor para vivir. Mucha gente ha cambiado completamente su vida después de un gran dolor. Yo misma me he abierto a mi verdadera vocación y al mundo espiritual. Soy más feliz. Mi vida habría estado en parte vacía de sentido si esto no hubiera sucedido. Comprendí que todo lo vivido y aprendido, los maestros que guiaron mi camino, resultaron ser la plataforma necesaria que me permitió lanzarme a un mundo nuevo y mucho más vasto. Fue como pasar de hacer *snorkel* mirando los peces desde arriba con la máscara, a ponerme traje de buzo y tanques con muchísimo oxígeno y sumergirme en un universo sin fin. La Terapia de Regresión a Vidas Pasadas y la Sanación Chamánica llegaron a mi vida en el momento oportuno. Y ya no tuve que creer: sentí y experimenté, tuve la certeza. Poco a poco mi corazón fue sanando. Fui liberando el dolor acumulado en el cuerpo y en el alma. *Fui comprendiendo que algo mucho más profundo y una historia mucho más larga daba sentido a lo vivido.*

Un cambio de mirada

El verdadero cambio que se produjo en mí fue un cambio de mirada; de la mirada lineal y acotada de una vida humana en un tiempo humano a otra más amplia que no sabe de tiempos ni espacios: *La Mirada del Águila.* Es el cambio de perspectiva, de ángulo para abordar los problemas, el dolor, el sentido de la vida. El águila ve el pasado y el futuro desde un presente lleno de posibilidades... Nos enseña a observar nuestra vida dentro de un contexto mayor: la gran historia del alma. Su mirada es aquella que se acerca a la visión, al contemplar en un único acto intuitivo la totalidad del horizonte. Representa también la fuerza, el vigor, el vértigo que sentimos al superar nuestros más profundos temores, o nuestro más acuciante dolor.

Ella nos dice: «*depende de nuestro propio esfuerzo elevarnos más y más, despertando nuestra fuerza interna, nuestra propia capacidad de sanación. Pero no estamos solos, nuestros Maestros y Guías Espirituales, los espíritus trascendidos, nos asisten en todo momento, ayudándonos a vencer los miedos, hasta alcanzar el aire puro de las alturas, la fusión con nuestra parte más divina*».

Es un término acuñado por los Pueblos Originarios, que por su conexión con la Madre Tierra, aún les place explicar las verdades más profundas con imágenes simples. Es *La Mirada del Espíritu*. La ventaja de ver el bosque, en vez de solo el árbol; de poder encajar varias piezas del rompecabezas y no solo una que parece no entrar en ningún lado; es ver el reverso de la trama.

«*Es la posibilidad de ver nuestra vida actual dentro del contexto de muchas vidas más, pasadas y futuras*».

Por eso para mí, la comprensión del sentido del dolor solo puede alcanzarse dentro del contexto de la reencarnación. Porque incluye dentro de su filosofía *La Mirada del Águila*. Es duro, es difícil, no es nada agradable saber que vamos y venimos vida tras vida tratando de aprender algo. Les aseguro que me resulta mucho más atractiva la idea de dormir eternamente escuchando el arpa de los querubines, cuando sea mi turno, junto a mis seres queridos. Y algún día será así, solo que falta un poco más de tiempo.

Salto evolutivo

El Águila observa desde lo alto el devenir de los acontecimientos y saca esta conclusión: «*Todo dolor es una experiencia que nos permite alcanzar el más alto grado de desarrollo y plenitud*».

Por eso es que cualquier dolor, por más terrible que sea, para el alma está perfectamente justificado, y vale la pena, siempre que traiga aprendizaje, transformación. El premio es la perfección, la unión con Dios, la iluminación de cada partícula de nuestro ser para volver a ser solo Espíritu.

Desde *La Mirada del Águila*, TODO DOLOR que traiga crecimiento y evolución está plenamente justificado. El alma desea la perfección. Y es posible alcanzarla a través de las sucesivas reencarnaciones. Somos conscientes también de que la experiencia fue elegida previamente por nosotros. No somos víctimas. Elegimos libremente el desafío para dar un salto evolutivo.

Por eso nos pasa lo que nos pasa, por eso sufren los buenos, por eso la vida no es justa, por eso enfermamos, y todo lo que ya sabemos.

¿No hay justicia en el Universo? En el Universo sí, en el mundo terrenal, no. Es difícil que se equilibre la balanza en el término de una sola vida. Porque al planeta Tierra vinimos a experimentar el desequilibrio, la dualidad.

El Águila, con su mirada desde lo alto, ve todas las vidas que vamos viviendo, las anteriores, esta y las posteriores posibles, y dice:

«*Ahora entiendo…*».

Y mientras tanto el alma entra en el ciclo de las reencarnaciones, en su necesidad, en su elección, de crecer y perfeccionarse a través de la experimentación, hasta terminar siendo *una con Dios*, hasta iluminar nuevamente la materia más densa cuando finalmente cerremos *El Libro de la Vida,* o cuando todo vuelva a empezar en un nivel más elevado. O cuando nos convirtamos en dioses de nuestro propio universo.

El Alma *ve su vida* como un continuo ir y venir de una experiencia a otra. *No hay muchas vidas, hay una vida con muchas experiencias*, muchas oportunidades de aprendizaje. Y si en este aprendizaje lastimamos a alguien, vamos a tener que aprender que eso no se hace, y así modificar esa tendencia a dañar, ¿y qué mejor manera de hacerlo que ponernos del otro lado del mostrador en la siguiente encarnación y ser los dañados? ¡Así no se olvida seguro!

¿Y si para salir del letargo o para dar un gran salto evolutivo y tomar un atajo en el camino de la evolución espiritual, decide algún alma sufrir una pérdida muy dolorosa, o una grave enfermedad? ¡No lo dudaría esta alma valiente, porque la recompensa es enorme!

No digo que el sufrimiento sea necesario, solo que a veces es la mejor opción, o lo inevitable por estar ya *lanzado* (aunque no recordemos cuándo comenzó a girar esta rueda del karma). Y además si ya te sucedió… Si el sufrimiento ya existe… De ahí habrá que partir para comenzar a andar nuevamente y crear la vida que todos nos merecemos.

Hay quienes piensan diferente

Para los que no creen siquiera en el alma como principio espiritual que sobrevive al cuerpo físico, y consideran la conciencia (o alma) solo un epifenómeno del cerebro, todo esto les parecerá una falsedad. Otros sentirán que es una herejía digna de la hoguera. Pero decir que el alma puede habitar varios cuerpos y que es eterna y preexistente a la creación de este cuerpo físico, no es una creencia tan opuesta a nuestra cultura occidental y cristiana, como veremos más adelante.

La idea de que es posible crecer y perfeccionarnos y fundirnos en Dios al final de los tiempos, son puntos en común con todas las tradiciones reencarnacionistas y creacionistas. Pero hay algunas diferencias substanciales: los creacionistas postulan la indignidad de nuestra naturaleza por el pecado de los primeros padres (Adán y Eva), cuya culpa debemos asumir pasando por el dolor (la cruz simboliza en el cristianismo esa creencia). En vez de pensar que somos seres libres en vía de evolución, responsables de nuestras propias faltas (aun de las cometidas antes del nacimiento). Los reencarnacionistas, creen en un Universo en el que la justicia es perfecta y las leyes cósmicas claras, ya que Todo está regido por un dios misericordioso y ecuánime, y no severo y castigador. El sufrimiento y las injusticias de esta Tierra tienen que ver con lo que cada cual trae de otras vidas y tiene que purificar o mejorar en su camino evolutivo hacia la plenitud.

Más allá de las creencias de cada cual, les invito a que reflexionemos juntos sobre estos temas tan esenciales como apasionantes.

2
Sanando el dolor de la pérdida

«La vida no tiene final, nunca morimos. Nunca hemos nacido de verdad. Lo que sucede es que pasamos por distintas fases. No existe un final. Los seres humanos tenemos muchas dimensiones pero el tiempo no es como lo vemos, sino que se compone de lecciones que se van aprendiendo. Solo el amor es real.»

BRIAN WEISS

Estamos de paso por este mundo, y por otros, estamos de paso en esta vida, y lo estuvimos en otras, y tal vez lo estaremos en otras más. Así como todos nacimos, todos iremos a morir, o de alguna forma dejaremos esta Tierra.

Esto lo sabemos, es parte de la naturaleza humana. La muerte es una creación necesaria para pasar de una experiencia a otra, para percibir el paso del tiempo, para dar respiro al planeta, la muerte está implícita en la vida misma, al menos por ahora. Pero saberlo *no nos consuela* ante las pérdidas de seres muy queridos. No consuela ni al más elevado de los maestros espirituales. Ellos tal vez se recuperen antes, es solo una cuestión de tiempo, pero todos tenemos que pasar por el doloroso proceso del duelo. Nadie puede saltarse esta etapa por más *elevado* que esté.

Pero ¿por qué nos angustia la muerte aun sabiendo que es un proceso natural hacia el cual todos nos dirigimos como en una gigantesca maratón?

Habrán leído y escuchado alguna vez que *la muerte es como un nacimiento del otro lado, un renacimiento, un nuevo amanecer.* Esto se refiere a que en esencia somos espíritu, y nacer en la Tierra es morir a nuestro estado natural, al cual regresamos con la muerte; que solo es un pasaje a un nuevo estado de consciencia en el que continuamos existiendo y creciendo. Pero saber esto tampoco nos consuela de forma inmediata... ¿Por qué?

Porque cuando lo estamos pensando, viviendo... ¡Estamos físicamente de este lado! En este mundo físico vemos solo *un lado de la trama* y el otro parece no existir (como el niño muy pequeño que, cuando le escondemos un objeto y no puede verlo, cree que este desaparece, y nosotros —los adultos inteligentes— nos reímos de él y nos divertimos con el juego de «*¡Aquí está!*...». ¿Se acuerdan?). Cuando estamos encarnados en este cuerpo, generalmente nos comportamos como el niño pequeño: lo que no vemos o percibimos con los sentidos físicos, creemos que no está.

La rueda de la vida

La vida es como un gran juego y nadie puede abandonarlo. Eso es lo terrible y maravilloso al mismo tiempo: no lo podemos abandonar, *no podemos abandonarnos.* Cuando en intentos desesperados por dejar de sufrir nos quitamos la vida, o simplemente bajamos los brazos para que la muerte nos lleve y con ella se lleve nuestro sufrimiento, simplemente pasamos *al otro lado*. Pero el alivio —si lo hay— es momentáneo, ya que el juego no termina ahí, todo continúa. Ese intento de *escapar* al sufrimiento solo empeora las cosas; no porque habrá un castigo o arderemos en el infierno, sino simplemente porque necesitaremos aprender a valorar la vida, a jugar el juego hasta el final; atravesar el proceso y ser felices igual, hasta crecer.

En esto difieren quienes, como ya dijimos, consideran que —en el casillero del cielo o del infierno— nos quedaremos para siempre. Para ellos, al morir el cuerpo, el juego terminó.

Pero no es tan simple. Volvemos a *bajar*, y según sean las lecciones que nos queden por aprender, serán las experiencias que tengamos que vivir en esta nueva vuelta de la *rueda de la vida*.

Pero también somos humanos

Comprender las situaciones desde *La Mirada del Águila*, desde la perspectiva del Espíritu, alivia, lleva al crecimiento, a la sanación... Saber que somos en esencia Espíritu, que vinimos a la Tierra y vendremos muchas veces más, que todo este sufrimiento ante la pérdida, dolor, enfermedad, es solo una experiencia del alma para crecer, y que fue elegido por nosotros antes de nacer, hace más llevadero el dolor.

Pero no alivia todas las penas en forma inmediata. Seguimos teniendo un cuerpo que siente alegría y tristeza, confusión y certeza, frío y calor. *Somos humanos mientras estemos aquí*. No transformamos como por arte de magia nuestro dolor en alegría (como nos piden con la mejor intención, algunos conocidos y venerados santos):

«No llores si me amas...
¡Si conocieras el don de Dios y lo que es el cielo!
¡Si pudieras oír el cántico de los ángeles y verme en medio de ellos!
¡Si por un instante pudieras contemplar como yo
la belleza ante la cual las bellezas palidecen!
¿Me has amado en el país de las sombras
y no te resignas a verme en el de las inmutables realidades?
Créeme, cuando llegue un día que Dios ha fijado
y tu alma venga a este cielo en que te ha precedido la mía,
volverás a ver a aquella que siempre te ama
y encontrarás su corazón con todas las ternuras purificadas
transfigurada, feliz, no esperando la muerte,
sino avanzando contigo por los senderos de la luz.
Enjuga tu llanto y no llores si me amas.»*

SAN AGUSTÍN (354-430) a su hermana,
cuya hija había muerto

De hecho, según nos cuenta San Agustín en sus *Confesiones*, cuando murió su madre Mónica, le advirtió a su hijo Adeodato (sí, San Agustín tuvo un hijo que murió a temprana edad), que no debía llorar la muerte de su abuela si era un buen cristiano, porque debía saber que ahora ella estaba mejor junto a Dios que en este mundo... Pero San Agustín, con una honestidad que conmueve, tras relatar este suceso, agrega: «*Sin embargo, yo mismo, cuando me quedé en soledad, me deshice en lágrimas por la muerte de mi madre*».

Saber que quien partió está bien allí donde esté alivia en parte nuestro sufrimiento, pero solo en parte. Decir que ellos no quieren que lloremos porque allí son felices... ¡es pedir demasiado al principio! Creo que un poco de llanto no les hará mal, ellos comprenderán. Todo lleva su tiempo.

Dejarlos partir

Lo que es cierto, es que *no debemos retenerlos, ni detener nuestro proceso de duelo*. Esto es importante. Sé que es difícil, pero pensemos esto: «*igual no van a volver, su vehículo físico se destruyó*». Suena duro, pero es la verdad. Nos queda el consuelo de que irán a buscar un nuevo cuerpo, un nuevo *modelo* para su siguiente experiencia aquí en la Tierra. Pero en el fondo, no nos gusta mucho la idea. No sabemos bien a dónde irán, y además, a nosotros nos encantaba el *modelo* que tenían: amábamos no solo su alma… ¡Amábamos su cuerpo, su voz, sus caricias, su mirada! Y de esta manera lo reconocíamos, es lo que veíamos, tocábamos, oíamos. Y aquí, en la tercera dimensión del planeta Tierra, los sentidos físicos (vista, olfato, tacto, oído, gusto) son los que traen la información al cerebro que así decodifica a quien tiene delante y lo identifica. Y eso que los sentidos físicos tocaban, veían, es también lo que extrañamos. Y eso ya no lo tenemos.

No está mal decirlo… *y llorarlo*, por más espirituales que seamos. Reconocíamos y amábamos todo el conjunto: su alma y su cuerpo. Y su cuerpo no está más.

Para los que sabemos que el alma continúa con vida, que en realidad el ser que partió no murió, tal vez sea un poco más sencillo superar la amarga experiencia de la pérdida de un ser amado, gracias a la comprensión de la muerte desde *La Mirada del Águila*. Sin embargo, está bien llorar, porque el agua limpia lava las heridas, se lleva el dolor.

Pero *el llanto no tiene que durar para siempre,* es lo que advierten los libros sobre el duelo. Llegará un momento en que tendremos que dejar partir a los que amamos y ya no están físicamente con nosotros, y darles la bendición para su *nuevo viaje*.

No es necesario retener a nuestro ser queridísimo que partió, porque *siempre estuvo y estará con nosotros*. El amor nunca se termina.

Y tal vez cuando vuelva a nacer venga cerca de nosotros, porque no tiene porqué irse lejos de sus seres queridos. *Será, aunque la misma alma, otro cuerpo, y tendrá otra relación con nosotros*, y vendrá a vivir otras experiencias. Una nueva oportunidad, una nueva vida.

Normalmente encarnamos en *grupos de almas*, esto quiere decir que los que estamos *juntos aquí* seguramente hemos estado *juntos antes* y seguiremos *juntos en otras encarnaciones*, pero con diferentes roles y asuntos por resolver. Lo que vamos a hacer, a aprender en cada vida, lo planeamos antes de cada nacimiento. Si fue nuestro hijo, puede volver como nuestro nieto, o como otro hijo. Pero también como alguien sin vinculación familiar. Si fue nuestro abuelo, puede ser hijo ahora, amigo o socio; nuestra madre puede haber sido esposo o hija, o enemigo en una vida anterior. Las posibilidades son muchas, pero generalmente mantenemos una unión, ya que pertenecemos al mismo *grupo*. En esta u otra vida, nos volveremos a cruzar.

Y además, tengamos por seguro que antes de nacer, habíamos elaborado junto a nuestros seres queridos nuestro *plan de vida* para esta encarnación. Hemos planeado tanto *nuestros encuentros como nuestra separación*. Y todo por algún motivo que trasciende nuestra capacidad de comprensión en este mundo.

Despedida

¿Cómo sanar el dolor de la pérdida? ¿Cómo llegar a la etapa de la aceptación que es el comienzo de la cura?

Algo que es importantísimo de hacer, si no pudo hacerse bien en su momento, es *despedirse*. Sí, poder despedirse. Hablarle al alma del ser querido y decirle todo lo que no pudimos decirle, sentir todo lo que en el momento de *shock* no pudimos sentir, liberar toda la emoción apretada en el corazón. Y escuchar lo que él tiene que decirnos. Es una verdadera comunicación *alma a alma*, por ello no importa que ya haya partido, y no importa hace cuánto.

En mi experiencia guiando regresiones, esto sucede espontáneamente en la gran mayoría de los casos de las personas que vienen a consultarme y tienen un dolor así en su historia. Induzco al paciente a un estado expandido de conciencia con una relajación, y lo invito a que *haga lo que necesite hacer en este momento para su sanación*. Espontáneamente, me describe su experiencia de encontrarse con el alma del ser fallecido que ha venido a decirle que está bien, y tiene un mensaje específico para darle. Entonces le aconsejo que le diga todo lo que necesita comunicarle y que escuche lo que el alma de quien partió tiene para transmitirle. Y así sucede. La experiencia es maravillosa y muy sanadora. Alivia el corazón y trae paz al alma, y sobre todo mucha alegría, y la certeza de que quién partió está, y está bien. Si nos damos cuenta de que no pudo elevarse a la Luz todavía, le damos la ayuda necesaria en ese momento para ascender y poder partir. Es un momento muy tierno, de mucho amor, de una alegría que no es de este mundo. Hay mucha comprensión de lo sucedido.

Para el alma es solo una experiencia

No es fácil saber *el porqué* de la partida. Creo que las almas de quienes se fueron no se lo preguntan a sí mismas como nos lo preguntamos los que quedamos aquí. Para *ellas* no hay una necesidad de saber o explicar *¿por qué?*, *¿de quién es la culpa?*, *¿podría haber sido de otra manera?*, *¿se podría haber evitado?*, como nos preguntamos nosotros. Para el alma las cosas son así y listo, no está ni bien ni mal, *es solo una experiencia más*. Por supuesto que esa experiencia tiene un sentido, pero esa comprensión viene después, con el tiempo, y con *La Mirada del Águila*. Pero encontrar todos los sentidos es imposible, porque el rompecabezas tiene muchas piezas que encajar, muchas vidas relacionadas con la de aquí y ahora en particular. Todas las vidas posibles forman la trama que da soporte a cada evento, y necesitaríamos la visión total, semejante a la de un dios omnisciente, para encontrar la respuesta absoluta a la pregunta que todos nos hacemos: ¿por qué me pasó esto a mí, a él o a ella? Por eso es imposible terminar de entenderlo completamente para nuestra mente racional. Y el alma de quien partió trasciende este planteamiento, está viviendo su experiencia como nosotros estamos viviendo la nuestra. Por eso decimos que *hay que aceptarlo*: aceptar lo que es. Ya que *lo que es* es el resultado de nuestras acciones entrelazadas con las de los demás a lo largo de toda la evolución del Universo.

¿Saben cuántas veces pregunté a mis Maestros Espirituales y cuántas veces busqué la respuesta en libros, meditaciones y regresiones sobre por qué murió mi hijo? Y siempre obtuve alguna respuesta que en ese momento me satisfacía, pero al tiempo aparecían más preguntas, y nuevamente obtenía otras respuestas, y luego más preguntas. Y si en el transcurso de intentar encontrar las causas más profundas, vamos desarrollando una espiritualidad más consciente, descubriendo una realidad más amplia a la imaginada, en algún momento nos damos cuenta de que lo importante era... *hacer el camino*. Nos damos cuenta de que la pregunta había ido cambiando porque nosotros éramos los que habíamos ido cambiando en el trayecto. ¡Y tal vez entonces seamos capaces de encontrar una respuesta que nos conceda serenidad y sabiduría! En ese momento comenzaremos a tener paz, a ver la vida desde *La Mirada del Águila*.

Nuestra decisión

¿Qué hacemos a partir de ahora? Siempre se dice que lo importante es *cómo reaccionamos a lo sucedido*. Eso podemos decidirlo nosotros, eligiendo dentro de la mayor o menor gama de posibilidades que cada cual tiene a su disposición, según el nivel de evolución, serán los recursos internos y externos de que cada uno disponga para superar la pérdida o el dolor. Pero siempre podemos dar un gran paso, incluso insospechado para nosotros mismos.

Me muestra un lugar hermoso...

Alicia, de 58 años, viene a verme, tratando de sanar su angustia a causa de la muerte de su hijo, que había sucedido hacía ya varios años.

La invito a quitarse los zapatos y a acostarse cómodamente en un colchón. Le digo que cierre los ojos, que se tape si siente frío y se entregue confiadamente a *la experiencia que su alma vino a hacer para su sanación*.

Alicia se acomoda, cierra los ojos, respira profundamente varias veces a medida que voy haciendo vibrar los cuencos tibetanos y logrando que su cuerpo se relaje, y su mente se vaya sosegando... Cuando la mente calla, el alma puede hacerse escuchar. Le digo que imagine una escalera que va hacia abajo mientras cuento del diez al uno. Ella siente, imagina, que va descendiendo por esta escalera que la va llevando a estados de consciencia más y más profundos, hasta llegar a *la experiencia que su alma necesita trabajar hoy aquí para su sanación.*

Cuando digo *uno*, le pregunto:

«—*¿Dónde estás? ¿Qué estás experimentando? Dime lo primero que se te ocurra. Recuerda que no necesitas estar segura de nada, no importa si crees que es solo tu imaginación.*

—Estamos en el coche con mi marido y los chicos, viajando por la carretera... No vemos el camión que se nos viene encima, mi marido pega un volantazo —comienza a llorar—. Escucho las ambulancias, la gente nos rodea... Me llevan a un hospital... Yo pregunto por mi hijo... Me dicen que ya lo voy a ver... Pero yo no estoy tranquila —llora.

—¿Qué sientes?

—¡Me da mucha angustia, no lo puedo soportar, me palpita el corazón, me ahogo!

—Aprovecha esta oportunidad para dejar salir toda esa angustia, haz todo lo que necesites hacer para liberarla, sé consciente de todo lo que está pasando a tu alrededor —llora y se descarga golpeando almohadones que yo le sostengo delante, les grita a los médicos lo que no pudo decirles en ese momento, libera todas esas emociones que habían quedado guardadas tanto tiempo.

—Quiero ver a mi hijo... Díganme la verdad... ¿Qué pasó? ¿Dónde está? —su semblante cambia repentinamente, relaja su cara y esboza una sonrisa—... ¡Veo a mi hijo, me está sonriendo!

—¿Dónde lo ves, en la ambulancia, en el hospital?

—En mi habitación del hospital lo vi y me di cuenta de que había muerto en el accidente. Está ahora aquí.

—Comunicate con él, ¿qué te transmite?

—Que no me preocupe, que está bien. Tiene mucha luz, una carita de paz. Dice que le diga a su padre que no sienta culpa y que deje de querer irse con él, todavía no es su momento, que tiene cosas que hacer. Dice que nos quiere mucho. Me muestra un lugar hermoso, muy verde con un cielo azul... hay otras personas con él... todos sonríen... hay un Ser con mucha luz, más grande... como si fuera Jesús... o alguien así...

—¿Qué te trasmite este Ser?

—Mucha tranquilidad, como que lo protege... lo guía... o algo así...

—Aprovecha para decirle a tu hijo lo que no le pudiste decir en el momento de su muerte, despídete de él.

—Le digo que lo quiero mucho… lo abrazo… Ahora me dice que tiene que irse. Este Ser que lo guía me sonríe y me envía una luz dorada… mi hijo se da la vuelta y se va… siento mucha paz.

—Elige un color para la armonización y que te acompañe para regresar a tu consciencia física… ¿Qué color eliges?

—El dorado.

—Siente cómo la vibración de ese color envuelve todo tu ser, trayendo una nueva vibración a tu vida, de paz y bienestar… volviendo a tu cuerpo físico… al abrir los ojos… en este día sintiéndote tranquila, relajada y envuelta en un profundo bienestar».

Al finalizar la armonización, abre los ojos y dice sentir mucha paz, que fue muy tranquilizador haber tenido ese encuentro con su hijo. Ser testigo del estado en el que se encuentra ahora le dio una perspectiva mayor a su vida, ya que pudo incorporar lo espiritual a su experiencia cotidiana. Supo que su hijo seguía vivo, aunque en otra dimensión. Eso es muy sanador. Trae paz y una mayor comprensión. Comprensión de nuestra verdadera naturaleza: *seres espirituales con experiencias físicas de vez en cuando.*

Necesitan que estemos bien

Es importante para quienes partieron que nosotros estemos en paz y seamos felices. Les ayuda a elevarse, a estar más tranquilos donde sea que estén. No necesitan nuestra ayuda, salvo que no hayan podido todavía ascender a la Luz. Muchas veces podemos percibir que, como en este caso, ellos están protegidos, asistidos por un Ser de Luz, o incluso algún pariente que había partido antes. También suele ocurrir que nos enteramos de que ellos *allí arriba* están aprendiendo algo que les va a servir para su próxima encarnación, o incluso, pueden estar trabajando en alguna misión relacionada con ayudar al planeta Tierra o a algún grupo de gente; eso me contaron de mi hijo. No pueden estar ocupándose continuamente de nuestro estado de ánimo. No es conveniente estar invocándolos, preguntándoles cosas o pidiéndoles ayuda todo el tiempo. Nosotros tenemos que hacer lo necesario para estar bien, es nuestra responsabilidad ante ellos, *no a la inversa*. Imaginemos escuchar estas palabras:

> «*El amor no desaparece nunca, la muerte no es nada,*
> *simplemente me he ido a la habitación de al lado.*
> *Yo soy yo, tú eres tú. Lo que éramos el uno para el otro*
> *lo seremos siempre.*
> *Dame el nombre que siempre me has dado.*
> *Háblame como lo has hecho siempre, no emplees un tono diferente.*
> *No adoptes un aire solemne o triste.*
> *Sigue riéndote de lo que nos hacía reír juntos.*
> *Ora, sonríe, piensa en mí, reza por mí.*
> *Que mi nombre sea pronunciado en casa como lo fue siempre,*
> *sin énfasis de ninguna clase, sin nada sombrío.*
> *La vida significa todo lo que ella ha significado siempre*
> *y es lo que siempre ha sido.*
> *El hilo no se ha cortado.*
> *¿Por qué habría yo de estar fuera de tu pensamiento simplemente*
> *porque estoy fuera de tu vista?*
> *Te espero, no estoy lejos, justo al otro lado del camino.*
> *Como ves, todo está bien.*»
>
> CANON HENRY SCOTT HOLLAND

3
Señales

Podemos pedir *señales* al principio y seguramente, de una manera u otra las vamos a recibir, es solo cuestión de estar atentos. Es normal y humano que, en algunos casos, tengamos la necesidad de comunicarnos con quien partió para saber si está bien, o simplemente porque todavía nos cuesta la separación.

Un partido de polo desde el más allá

Agradezco a maestros, sanadores y videntes, y a personas de buen corazón, que han podido percibir o escuchar a mi hijo; incluso he recibido regalos que venían de él al poco tiempo de morir. Me envió rosas blancas, que son sus flores preferidas ahora, y un trofeo ganado por ser *el mejor jugador del campo*. Sí… leyeron bien… ¡Lo ganó desde la otra dimensión y a los tres meses exactos de su muerte, justo el día de mi aniversario de casados!… ¿Cómo?

Queridos lectores, simplemente lo contaré tal como sucedió, cada cual sentirá en su corazón cuál es la verdadera historia… Un gran jugador de un deporte muy argentino —el polo—, horas antes de jugar la final en el torneo más importante del mundo, escuchó una voz en su interior que le dijo algo así: «*Hoy vas a jugar para mi familia y, antes, los vas a llamar para contárselo*». Simplemente supo que era la voz de mi hijo. Para él fue una situación muy difícil e incómoda (no teníamos una relación muy estrecha), pero fiel a su bondad y valentía, llamó a mi marido y le dijo: «*Hoy voy a jugar para vosotros*», sin dar más explicación. Cuando él lo escuchó se sorprendió pero agradeció mucho el gesto. Lo atribuimos a que todo el grupo familiar, conocidos y amigos, estaba muy conmocionado con la muerte de mi hijo a la edad de 10 años. Pero no dejaba de ser muy extraño esta llamada pocas horas antes de entrar al campo en la final del torneo. Después nos enteramos de que había estado varias horas dudando antes de animarse a llamarnos, pensando en esto en lugar de concentrarse en su juego, y el resultado fue que... ¡jugó mejor que nunca ese día...! «*Yo no juego así*», decía... La tribuna estaba como loca, gritando su nombre, y al terminar el partido, a pesar de haberlo perdido, miró al cielo con los ojos llorosos, agradecido (esa foto salió por segunda vez en el diario el 2 de enero, día de mi cumpleaños). En esa final ganó el trofeo *al jugador más valioso de la final 2002 del abierto de Palermo*. El diario *La Nación* habló así de él: «*No proviene de una familia de tradición polística, pero el último sábado, el (supuestamente cerrado) público de este deporte, lo convirtió en el jugador más ovacionado de los ocho que subieron al podio del Campeonato Argentino Abierto, en cuya final su equipo..., perdió. Y él se llevó el premio al jugador más valioso (...) El mismo que en 1996 fue descendido de 8 a 7 goles de* handicap, *y que anteayer, seis años después, alcanzó la valorización ideal de 10*».

Cuando lo felicitamos al terminar el partido, nos dijo: «*El trofeo es para vosotros, no es mío*». Para él, era el premio más importante que había recibido, pero no sirvió de nada negarnos, sabía lo que hacía. Cuando nos contó lo sucedido, mi marido le dijo que él no estaba muy seguro de que realmente hubiera «*algo más después de la muerte*». «*Creélo, lo hay*», le contestó.

Al sentarnos ese sábado en la tribuna para ver el partido, yo me había preguntado: «¿*Habría llegado mi hijo a jugar en Palermo?*». Sé que jugó ese día. ¡Gracias Milo!...

Contactar con otras almas en sueños

También en sueños podemos contactar con otras almas, de gente que ha muerto o vive aún.

Muchos tienen la experiencia de que sus familiares o amigos fallecidos *los visitan* en sueños. Durante los dos primeros años después de su muerte, mi hijo solía venir a hablar conmigo en mis sueños, y una vez recuerdo haberle preguntado: «*¿qué tal es el cielo?*», y él me contestó: «*¡Perfecto!*».

Lo mejor que tiene esta manera de comunicación es que se vivencia la sensación física de abrazarlo, de estar realmente con él como cuando estaba físicamente vivo. Se siente, se toca, se percibe nítidamente su presencia. Estos sueños tienen una cualidad diferente a la habitual, son mucho más vívidos, «*más reales*». Uno se despierta sabiendo *que estuvo* con tal o cual persona. A veces esta experiencia se da en el espacio-tiempo justo antes de dormirnos.

También pueden visitarnos nuestros *espíritus de ayuda* y transmitirnos su fuerza sanadora; los chamanes llaman a estos sueños de poder *sueños grandes*.

Que no se sienta culpable...

A Daniel, de 40 años, cuyo padre había fallecido hacía un año, lo llama por teléfono una amiga que vive en otro país (y no sabía nada de su muerte). Le cuenta que en sueños se encontró con un hombre en un lugar como un valle pero de tanta belleza que es imposible describir, dice que conversó mucho con él... «*¡No me diga que usted es el padre de Daniel!*», le dijo ella, «*sí, soy yo, el mismo* —le contestó—, *y le queremos mucho*» (él y su mujer que también había muerto). La amiga le preguntó si tenía algún mensaje para Daniel, y él le dijo: «*que no se sienta culpable*». Daniel también se había encontrado previamente con su padre en sueños, pero este mensaje fue muy importante para él y le trajo mucho alivio. Con el tiempo, esos encuentros no se dieron más. Su alma ya había hecho lo que necesitaba para partir: despedirse de su hijo y liberarlo, y también, liberarse ella de cualquier emoción que pudiera seguir reteniéndola.

Conectarnos con lo sutil, con lo Divino...

«*Mi padre falleció hace 9 años, no habíamos tenido una buena relación. Desde hace unos meses, cada vez que necesito alguna respuesta o tengo alguna duda, se me aparece en sueños un ser que me da paz y me aconseja sobre lo que me preocupa. No puedo explicar la felicidad que me dio darme cuenta, en una regresión, de que era el alma de mi padre la que se comunicaba conmigo. Me pareció tan maravilloso y sanador... Y no era mi padre como yo lo había sentido a él en vida (no confiaba mucho en él), era su alma sabia, habitando otro plano y velando por mí... Fue una experiencia genial*», me comenta Susana, emocionada al evocar lo que le había sucedido.

Hasta pude oler su perfume...

Lucio viene por primera vez al consultorio al ver los resultados positivos de la terapia de regresión en su novia. Pero me dice que no sabe si cree mucho en esto, que no tiene experiencia, solo le sucedieron algunas cosas extrañas... y me cuenta un sueño: «*Mi primer trabajo fue en la universidad y tenía una jefa que era protectora conmigo, pero teníamos discusiones filosóficas y políticas muy fuertes… Ella enfermó y murió. Al poco tiempo sueño que estoy en una calle y la encuentro vestida de blanco con una túnica y detrás de ella hay un Ser muy grande y luminoso. Antes de que ella se enfermara, habíamos discutido sobre si existía la vida después de la muerte o no; yo decía que no y ella me decía que sí. En el sueño yo le digo: "Ojalá tengas razón, así sé que estás bien"».* Antes de partir, me abrazó, y la sentí físicamente, muy real, hasta pude oler su perfume. Yo leí mucha psicología, Freud, Lacan, y sé que esto puede ser parte de mi despedida de ella, inventado por mí… «*¡pero lo sentí tan real…!*».

Sentirnos mal por sentirnos mejor

Este proceso de recibir señales normalmente dura un tiempo, alrededor de dos años, pero no se puede generalizar, ni tampoco sucede siempre así, o no lo notamos, o lo negamos, o nos da miedo. Es la manera de los que partieron de decirnos ADIÓS (como que este saludo significa precisamente *ir a Dios*)… Luego se alejan para hacer su trabajo, para seguir su camino, aunque podemos invocarlos cada tanto. Es importante recordar que *el amor no se termina*, que podemos no pensar todo el día en ellos, que podemos ya no sentir tanto dolor e incluso volver a ser felices, y sin embargo esto no significa que nos hayamos olvidado, ni que se debilite la conexión. Ese es el gran temor de quienes quedaron. El gran tabú y el gran peligro: *sentirnos mal por sentirnos mejor*.

Debemos comprender que solo estamos liberando las ataduras y los lazos egoístas de posesión propios del amor humano. Ahora nos relacionamos *de espíritu a espíritu*. Es una nueva clase de amor: es *el amor entre las almas,* el que teníamos antes de encarnar, separado de los roles que representamos en cada vida.

Solo cambiemos el vínculo que nos une: el del dolor por el de la alegría. La alegría expande, sutiliza la energía, y cuanto más elevemos nuestra propia vibración, más cerca estaremos de ellos.

Recuerden el diálogo con mi hijo:

«—*¿En qué puedo ayudar a otros?*
—*En mostrarles CÓMO HONRAR HIJOS PERDIDOS.*
—*¿Cómo se los honra?*
—*SIENDO FELICES.*
—*¿!Pero cómo!?*
—*PERDÓN A TI MIZMO* —él era un poquito ceceoso—».

4
Herramientas de sanación

«La única razón por la que eres feliz es porque tú decides ser feliz. La felicidad es una elección, como también lo es el sufrimiento.»

Don. Miguel Ruiz,
Nagual del linaje de los Guerreros del Águila

Siendo felices

Es difícil *tratar de ser feliz*..., además suena raro... Generalmente sentimos que uno es feliz o no lo es, sencillamente. Uno no trata de ser feliz. Si tiene que *tratar* es que no lo es..., pero también que *quisiera* serlo. Y si quiere serlo... ¡Es un gran comienzo! Ya tenemos algo desde donde partir para iniciar el camino de ser felices.

Entonces se puede tratar de ser feliz... no es una contradicción.

Solo hay que contar con las herramientas necesarias para construir esa felicidad. ¡Pura lógica para los lógicos! El resto simplemente se entrega y confía. Pero ambos pueden lograrlo. Eso es lo importante.

Necesitamos dos ingredientes para esta receta:

1. Ganas de estar mejor.
2. La herramienta o método adecuado para lograrlo.

Ganas de estar mejor

El primero es el más engañoso: nunca sabemos con cuánta cantidad realmente contamos; cuántas ganas tenemos de estar bien. Recuerden que parte de nuestra alma está todavía con quien partió, o dolorida, o desilusionada: atrapada en ese pasado que no podemos soltar. Y esa parte nuestra tira para abajo todas las ganas de estar mejor: mejor para nosotros (ya que igual tenemos que seguir viviendo el tiempo que quede), mejor para los que amamos y están a nuestro alrededor, y agregamos ahora: mejor para quien partió.

Y a estas pocas ganas de estar mejor, muchas veces le sumamos: *la culpa por estar bien*. Esta culpa viene de la creencia errónea de que *cuanto más sufrimos más lo queremos*, que si dejamos de sufrir es que lo olvidamos, que somos malos. Esta creencia se origina por la suma de dos elementos: nuestro último recuerdo con él o ella (su muerte o enfermedad), y la emoción asociada a ese momento (que no puede ser otra que de un profundo dolor, rabia, impotencia, etc.). Este último recuerdo con la emoción asociada queda grabado en la mente y el corazón como *aquello que nos une* a esa persona tan querida, y creemos que cambiarlo sería una traición, sería cortar ese lazo de unión. Y esa es la gran falacia. Después de un tiempo necesario para ir sanando el dolor, nos puede unir otra cosa: el recuerdo de los momentos compartidos, la alegría de haberlo conocido, reconocer su alma como una compañera de muchas vidas. El error está en seguir aferrándonos a la idea de que lo que nos une es solo el dolor, y que lo contrario sería una traición. Y esto es algo muy habitual, e interfiere con el proceso de sanar.

La *otra culpa* es por estar vivos o sanos. Peor aún si sentimos que hubo algún error o descuido, o que somos directamente responsables de lo sucedido. Para ello, recordemos que cada alma tiene una historia más larga: un antes y un después del fragmento de vida que nosotros conocemos. Cada alma tiene sus razones, toma sus decisiones, hace sus experiencias para aprender.

La práctica adecuada

El segundo ingrediente: *¿Cómo hago para ser feliz...?* Les recuerdo lo que yo encontré en mi búsqueda. De las herramientas terapéuticas que conocí y probé para tratar de salir adelante y encontrar un sentido a lo sucedido, las que realmente marcaron una diferencia, y por ello las considero las más profundas y efectivas, son en mi caso, la *Terapia de Vidas Pasadas* y la *Sanación Chamánica*. También la *meditación*. Y toda actividad que nos conecte con la alegría, la expansión, con nosotros mismos y nuestra verdadera identidad.

En estos años de dolor, donde no encontré la ayuda suficiente dentro de los caminos tradicionales, estas herramientas espirituales me permitieron ampliar mis horizontes más allá de las limitaciones de la mente y más cerca de *La Mirada del Águila*, alcanzando la sanación y el consuelo que mi alma necesitaba en ese momento.

5

Terapia de regresión a vidas pasadas

Psicología transpersonal

Normalmente definimos esta terapia como una herramienta psicoterapéutica transpersonal. El termino *transpersonal* significa: más allá de lo personal. *«Lo "transpersonal" se refiere a la manifestación personal de lo "trascendente". La psicología transpersonal, por consiguiente, se ocupa de las experiencias y aspiraciones que impulsan a los seres humanos a buscar la trascendencia y de la capacidad curativa de la autotrascendencia»*, explica Frances Vaughan, en su libro *El arco interno*. Incluye la realidad espiritual, dejada de lado o menospreciada por la psicología tradicional. Considera que no solo somos un cuerpo y una mente.

La psicología transpersonal no está aceptada oficialmente, aunque esta tendencia está cambiando, ya que cada vez más psicólogos se interesan por ella desde sus comienzos en los años 60. Expande el campo de investigación psicológica para incluir niveles de salud y bienestar asociados al estado de plenitud. Un estado que solo puede lograrse con el desarrollo de la consciencia más allá de la individualidad, de la personalidad, del ego. Trascender la identidad individual, o existencial, no supone su aniquilación. «*El proceso de desidentificación del ego supone trascenderlo, no negarlo*», aclara Frances Vaughan. Para ello, antes es necesario haber alcanzado este estadio de identidad separada e independiente, para luego poder trascenderlo y alcanzar una consciencia de unidad, comprendiendo la interrelación de todo lo que existe. «*El estado mental que le corresponde es el de la calma atenta. La percepción es clara, precisa y despejada. El afecto que le corresponde es alegre y armonioso, y la emoción predominante es la gratitud. En ese nivel la energía fluye con facilidad, se tiene una visión clara, una atención que se enfoca y se dispersa sin esfuerzo, y se tiene la sensación de estar conectado con todas las cosas y todas las personas como partes integrantes de un todo mayor*», explica F. Vaughan. Es importante diferenciarlo de una alteración psicótica, que es un estado de no diferenciación, pero preegoica, anterior a la formación de un yo.

Herramienta de evolución espiritual

Este estado de desarrollo de la consciencia es la finalidad última de la Terapia de Vidas Pasadas con Orientación Chamánica. Podríamos llamarla también, en un lenguaje menos técnico, terapia espiritual. Su éxito terapéutico reside en que trabaja a nivel del alma. Es en el alma donde encontramos los dolores más profundos y las aspiraciones más elevadas del ser humano.

Es como un árbol que hunde sus raíces en la psicología profunda y extiende sus ramas al mundo espiritual. Su alcance no se limita a lo puramente emocional ni mental, sino que incluye y desarrolla la trascendencia del yo, del ego, hasta incluir al espíritu como parte de nuestra identidad, ayudándonos a desarrollar *La Mirada del Águila*. Es por eso, principalmente, una herramienta de evolución espiritual.

No es magia de un día, es una terapia rápida y profunda, que exige el compromiso de cada uno con su propio proceso. No requiere de una larga y lenta terapia de sesiones de cincuenta minutos durante años. Las sesiones son de dos horas aproximadamente, al cabo de las cuales los resultados se perciben rápidamente, aunque el proceso de sanación lleve cierto tiempo según cada persona, que podrá hacer tantas regresiones como sean necesarias para su curación. Son diferentes enfoques. Cada uno adecuado a la posibilidad y problemática de quien consulta. No todos estamos en condiciones, o en momentos de nuestra vida, en que podemos prescindir de la psicoterapia tradicional. Y a veces es necesario adaptarla a las posibilidades del paciente, lo que en algunos casos puede requerir el trabajo conjunto con un psiquiatra o psicólogo, en el caso de que el terapeuta de vidas pasadas no lo fuera.

Una terapia que comienza donde las otras terminan

En el libro *El maestro interior*, del cual soy coautora, defino de esta manera la Terapia de Vidas Pasadas, ya que ésta carece de algunos de los límites de las terapias tradicionales para la sanación y el crecimiento. La Sanación Chamánica la complementa, llevándonos a superar todos nuestros temores y sanando el cuerpo energético que guarda las «heridas de guerra» de tanto trajín del alma. Es una experiencia terapéutica donde no hay un límite preestablecido de hasta dónde puedo llegar para sanar mi dolor, cualquiera que sea. Incluye el concepto de la reencarnación, aunque no sea necesario creer en ella, puedo considerar la experiencia como un producto de mi inconsciente. No está limitada solo al ahora, ni al momento traumático reciente, ni siquiera a la infancia o al momento del nacimiento, tampoco al tiempo lineal… ¡Ya que me puedo remontar al futuro! Tampoco el límite es una existencia en otro cuerpo que tuve en una vida anterior a esta.

Para sanar, solo tengo que *revivir la experiencia responsable de mi dolor*. Y solo mi alma sabe cuál es, porque una parte de ella todavía está ahí y necesita salir. Cuando estoy reviviendo esa experiencia, no basta con conocerla, sino que necesito liberar toda la emoción ahí acumulada que no pudo ser expresada en su momento: rabia, impotencia, culpa, miedo…, que después de mucho tiempo sigue afectándome.

El tiempo cura un poco la herida sea cual fuere: maltratos en la infancia, abusos, traiciones, accidentes, pérdidas… de esta o de otras vidas… La lista es tan larga como nuestra historia. Es parte del desafío de vivir. Pero no todo se cura con el tiempo. Quedan resentimientos, tristezas, miedos, repetición de patrones de conducta, pérdida de ganas de vivir. Por ello para sanar, hay que limpiar bien la herida liberando ese pasado, que si no sanó, no es pasado, porque algo quedó y sigue doliendo.

Psicoanálisis y regresión

Si hacemos una comparación entre una metodología muy difundida en la práctica psicoterapéutica, el psicoanálisis, y la de las regresiones a vidas pasadas, les asombrará descubrir más similitudes que diferencias. Desde Freud hasta nuestros días, reconocemos que para sanar es necesario «*hacer consciente lo inconsciente*». Es allí donde reside *la verdad del sujeto*, nuestra verdad; esa verdad que vive en nosotros pero desconocemos. Es el fundamento de la psicología profunda. El gran descubrimiento de Sigmund Freud fue una terrible *herida narcisista al ego*, el cual creía que con *la diosa razón* todo lo controlaba y dominaba, sobre todo a sí mismo. Que nos vengan a decir que gran parte de nuestras motivaciones, deseos, impulsos, atracción, rechazo, incluso las decisiones más racionales, obedecen a una parte nuestra que no dominamos, que a veces ni siquiera conocemos... resultó amenazador en su momento. Ahora ya no le asombra a nadie, o a casi nadie. Para sanar, nada mejor que integrar esta parte *semioculta* de nuestra identidad. No está oculta del todo, porque *se cuela* por todos lados cuando estamos un poco distraídos..., aparece disfrazada en un chiste, cuando decimos *sin querer* lo contrario de lo que pretendíamos decir, en los sueños, en las enfermedades, etc., por eso la mentira tiene «*patas cortas*», sobre todo cuando nos domina la emoción. Y Freud lo sabía bien... nada mejor que *hablar sin pensar*, para que la mente racional no tenga tiempo de preparar el discurso y pueda colarse el inconsciente, que es *nuestra verdad,* no la preparada para el otro. Y entre otras cosas, así nació el psicoanálisis como método de sanación, simplemente permitiendo que el paciente hable, para que, a través de la asociación libre de sus pensamientos, pueda surgir más fácil su inconsciente... Y así conocernos un poco más, con menos engaño. Nada más acorde con el objetivo de la regresión a vidas pasadas: llegar al origen del conflicto o síntoma; y no solo recordarlo, sino también revivirlo. La regresión es, en este sentido, la vía más directa de acceso a lo reprimido, y por esta razón la mejor manera de curarnos, liberando así toda la emoción acumulada en el dolor, la angustia contenida, esa energía estancada en lo no dicho, o en la reacción inesperada. Estamos todos de acuerdo en que el inconveniente de la psicoterapia psicoanalítica son los tiempos que requiere: muchos años. Y «*el tiempo es oro*». No solo hablamos de dinero, sino del coste físico y emocional para el paciente, que ha de tardar todo ese tiempo en curar su dolencia... ¿Y mientras tanto?

La gran pregunta es: *¿es necesariamente tan difícil y lento el proceso de acceder a esa verdad oculta de cada uno?* Si creemos que solo podemos *capturar* el inconsciente cuando este *se cuela de forma discontinua y en apariciones como un rayo, en el discurso del paciente, en el diálogo con el psicoanalista, o en sus sueños o chistes o a través de la transferencia...* Seguro que tardaremos años. Pero si utilizamos una vía de acceso más rápida, directa y acorde con la naturaleza y leyes propias del inconsciente (que difieren del proceso lógico y lineal de la mente consciente en el discurso), la cura y el descubrimiento de la verdad se lograrán mucho antes. Aflojando los controles de la mente a través de una simple relajación, profundizando los síntomas físicos y emocionales —que guardan la memoria del trauma—, y dando la orden de manera apropiada al inconsciente —o podemos llamarle alma—, para que nos permita la entrada a *la experiencia responsable de esos síntomas*, que él guarda celosamente... ¡En pocos minutos estaremos allí! El inconsciente se abrirá generosamente ante nosotros, y no por breves instantes, sino por el tiempo que sea necesario, revelando todos sus secretos. Tendremos la cotizada *verdad del sujeto* servida en bandeja de plata...

¿Cómo hacemos para trabajar a nivel del alma?

Para llegar a esta «*experiencia responsable de mi problema, síntoma o dolor...*», no hace falta entrar en un estado hipnótico de pérdida de consciencia, no es tan difícil. Sólo necesito permitir que mi consciencia se expanda, hasta llegar a donde *mi alma ya sabe*. Debo dejarme guiar por ella, con la ayuda del terapeuta especialmente entrenado para esto. Y así el alma, despojada de preconceptos, juicios y ataduras... ¡volará libre a donde necesita ir para sanar! Y al llegar a esa experiencia, solo necesita revivirla como si estuviera ahora ahí de nuevo. Porque está. Porque una parte nunca se fue. Y esa parte es la que hay que rescatar. *Hay que traer al alma nuevamente ese fragmento* que se fue cuando sufrimos, o que partió con el ser querido. Solo hay que entregarse a la experiencia y confiar… ¡Cuánto nos cuesta confiar en nosotros mismos! Por suerte este problema solo lo tiene el ego, la personalidad. El alma siempre confía, porque ella no olvida quiénes somos: chispas divinas.

Completar la experiencia

Además de revivir esa experiencia traumática, es necesario completarla. Lo que ahora todavía duele, bloquea, entristece, es lo *no terminado de vivir*, que hace que esa *escena* quede bloqueada, reprimida, inconclusa. Eso genera el *atrapamiento* de parte de nuestra energía allí, y por eso nos sigue afectando ahora. Debemos revivirla como si estuviera pasando ahora para poder *completarla y liberarnos*. Esto es: «*hacer lo que no pudimos hacer en ese momento*», ya sea: gritar, pegar, insultar o decir «*te quiero*», «*te libero*», «*perdón*» o «*te perdono*» o preguntar «*¿por qué?*», defendernos de la agresión, salir de la mina derrumbada, quitar el alma del cuerpo momificado… y muchísimas cosas más.

Como a nivel espiritual el tiempo no existe, esto *para el alma todavía está pasando* hasta que logremos salir. Además, estamos todos conectados, así que podemos también en ese momento recibir la respuesta a lo que no comprendimos, o la disculpa de quien nos maltrató, o escuchar que nos perdonan o agradecen. La conexión es de *alma a alma* con quienes ya no están o con quienes están en su cuerpo todavía.

Regresión

La técnica utilizada, se llama «*Regresión*». Aunque en realidad no regresamos a ningún lado, solo expandimos nuestra consciencia para contactar con esa experiencia *del pasado* que no pudimos resolver, terminar y que sigue ahí, inconclusa, afectándonos actualmente aunque haya pasado mucho tiempo y ya no la recordemos.

Aunque ahora tengamos otro cuerpo, si no aprendimos lo que teníamos que aprender, no resolvimos algún tema pendiente o no corregimos alguna tendencia nociva del alma o carácter, nos seguirá afectando en esta vida y en vidas posteriores hasta resolver, sanar, aprender.

La técnica es mucho más simple de lo que la gente normalmente cree: comienzo pidiendo al paciente que se recueste y cierre los ojos, y lo voy guiando en una relajación progresiva de todo el cuerpo y la mente, para que el alma *afloje los lazos que la unen con el cuerpo*. Pero lo más importante es que la persona tome contacto con la sensación física y la emoción que genera el síntoma que trae a la consulta, ya que el cuerpo guarda la memoria del trauma. Ahondando en esas sensaciones, poco a poco y de forma suave y natural, el paciente va tomando contacto con la raíz de lo que le afecta ahora... Le guío suavemente a ese momento..., en el que comienza a surgir espontáneamente, sin ningún esfuerzo... Solo nos dejamos fluir. El terapeuta que guía la regresión solo sabe cuál es el *síntoma* que desea curar la persona, pero no cuál es el origen del conflicto, del dolor, la experiencia responsable del mismo. Por eso, no tenemos otra alternativa que confiar en que su alma *irá al lugar y momento exactos a los que necesita ir para sanar.* Cuando le digo: «*cuando cuente hasta tres irás a la experiencia responsable de...*» (y ahí le menciono su síntoma haciendo hincapié en las emociones y sensaciones físicas), «... *uno... dos... tres, estás ahí, ¿qué estás experimentando?*», el paciente simplemente comienza a relatar la experiencia, a sentirla, revivirla. Luego lo guío a que pueda expresar lo necesario para completarla, y así poder salir del atrapamiento en que su alma se encontraba.

¿Dónde irá el alma?

El alma va al lugar adecuado. Y siempre es así, sin excepción. Porque *Ella* sabe, lo sabía antes de *empujarnos* a hacer la terapia de regresión. ¿Cómo nos empuja...? Molestándonos con el síntoma, que no es más que una excusa, la zanahoria que, como al burro, nos encamina a nuestra evolución.

Puede ir al momento traumático del dolor o a la pérdida en esta vida, a alguna experiencia difícil de la infancia, al nacimiento, a la vida intrauterina, a una vida anterior, a una vida futura, al momento antes de nacer cuando preparamos nuestro plan o mapa de ruta para esta vida. O tal vez descubrimos que teníamos una *energía pegada de otra persona*, viva o muerta, o una experiencia de abducción extraterrestre, una existencia en otro planeta, o en civilizaciones muy antiguas y desconocidas. Así es, queridos lectores, aunque parezca ciencia ficción, puede suceder que nos demos cuenta de que junto a nuestro campo energético hay *otra entidad* que nos transmite sus emociones, dolores, adicciones... y que nuestros síntomas son en realidad las emociones de otro ser que ya murió, no se elevó a la Luz, se *pegó* a mi campo energético y viene conmigo a todas partes —o una parte de él vino en un órgano trasplantado—. Las llamamos «*Almas perdidas*» y tenemos que liberarlas y guiarlas a la Luz. O tal vez revivamos una experiencia de *abducción extraterrestre* donde solo teníamos el recuerdo de haber visto luces o algún platillo volador, y resulta que nos habían llevado a la nave para hacer experimentos que nos parecieron muy traumáticos como la implantación de chips para recabar información. O recordemos algo sobresaliente y doloroso de cuando estábamos en el *vientre materno* y que nos sigue afectando, como cuando mamá *pensó en abortar o se sentía sola y triste o creía que el embarazo iba mal y temía por su bebé...* Todo lo absorbimos como una esponja, sin discriminar, incluso las emociones de mamá las tomamos como propias. El bebé escucha y siente todo, pero no lo puede expresar. También el momento del *nacimiento,* ya que muchas veces la manera en que nacimos es como resolvemos luego los problemas en situaciones límite, se convierte en un patrón de supervivencia, y a veces necesitamos modificar eso..., lo que nos dicen y hacen los médicos, cómo nos reciben los padres... Todo lo percibe el bebé. Puede el alma ir al *momento antes de nacer*, cuando todavía éramos un alma libre (pero con un recorrido ya hecho en otros cuerpos) y nuestros Maestros o Guías Espirituales nos dijeron que teníamos que volver a nacer para seguir aprendiendo, que nos acompañarían y ayudarían a trazar el nuevo *plan de vida*, los objetivos que tendríamos que cumplir, quiénes serían nuestros padres, hijos, hermanos, qué experiencias tendríamos que vivir para aprender. Podemos recordar cuál es *el propósito de nuestra vida hoy*, para qué estamos aquí y si lo estamos cumpliendo. Podemos *conectarnos con el alma de un ser querido que partió* y quiere comunicarnos que está bien, o que lo ayudemos si todavía no se pudo elevar. Es posible ir al *futuro* en esta misma vida o en una vida posterior (para el alma el tiempo no existe, todo está unido, y el futuro solo son experiencias probables, que podemos vivirlas o no).

El alma puede llevarnos a cualquiera de estas experiencias, o a varias de ellas y tengamos por seguro que de las miles de probabilidades, *ella* hallará la más correcta para nosotros en ese preciso momento. Y nunca vamos a experimentar algo que esté más allá de lo que podamos entender o soportar ahora. Y siempre es para nuestra sanación.

¿Y si me voy al pasado y no vuelvo o quedo mal?

Es importante aclarar que, en realidad, no estamos yendo a ninguna parte. No nos movemos del consultorio (eso es obvio), pero tampoco vamos con el cuerpo energético ni nada de eso: ¡ya estábamos ahí antes de hacer la regresión! El síntoma (el motivo de consulta que nos lleva a hacer la terapia) es la prueba de que *parte de nuestra energía está todavía atrapada ahí, en esa herida del pasado que no sanó, que no cerró*. Por eso, no teman no regresar o quedar mal o afectados. Al acceder a esa experiencia, simplemente estamos *saliendo de ahí y dejando el pasado atrás*.

Insisto en esto que es tan importante: no nos vamos al pasado, sino que *expandimos nuestra consciencia* hasta acceder a una información, un recuerdo que estaba inconsciente. La consciencia simplemente se *amplía*, se *expande* —no se pierde— durante la regresión. Y luego regresa a su estado de vigilia normal. Si nos paramos en la puerta de un desván oscuro e iluminamos su interior con una linterna, solo vemos lo que el haz de luz alcanza a alumbrar (el resto está, pero no lo vemos). Sería como nuestra consciencia que se enfoca solo en *este momento presente*, en su estado de vigilia habitual, entonces creemos que es lo único que hay. ¿Pero qué pasaría si pudiéramos ensanchar cada vez más el haz de luz? Comenzaríamos a ver al mismo tiempo otros objetos del desván que antes no sabíamos que estaban.

En la regresión, nuestra conciencia, al expandirse, *ilumina*, hace consciente otras escenas, otras realidades del pasado, del futuro o de otras dimensiones, sin dejar de percibir el presente. Y todo sin movernos de la *entrada del desván*. No vamos a ninguna parte, vemos, experimentamos lo que ya está. Y el alma nos ilumina lo que necesitamos ver y comprender para sanar. La experiencia, aunque sanadora y liberadora, es fuerte y profunda y debe ser muy bien conducida. Por eso siempre es necesario un muy buen terapeuta que sepa guiar y hacer las intervenciones necesarias, y sobre todo facilitar y crear el contexto adecuado dentro del cual el alma se sienta acompañada, cuidada y protegida.

¿Cómo es el procedimiento?

Imaginen a una joven estudiante de medicina que se *paraliza de miedo* cuando tiene que hacer un examen.

La joven se recuesta en el colchón, cierra sus ojos, se relaja gracias a una relajación guiada por el terapeuta, quien le sugiere que vaya *a la experiencia responsable de su pánico al hacer los exámenes...* Ella permite que vayan surgiendo las imágenes, emociones y sensaciones que ese miedo va disparando en su mente, y de repente comienza a relatar... que es una joven en el medioevo que están quemando en una hoguera por curar a las personas con plantas medicinales... Ya está en regresión, así de fácil. El alma la llevó exactamente a la vida que necesitaba ir para sanar su miedo. Solo hay que ayudarla a revivir esa experiencia y liberar la emoción allí contenida. Como experimenta una vida anterior, pasará también por la muerte en esa vida para desvincularse completamente de la experiencia, y su alma irá hacia la Luz.

Escuchemos parte de su experiencia:

«—*Siento angustia... como si me estuvieran apretando el pecho... como si me estuvieran quemando...*

—Cuando cuente hasta tres, vas a ir a esa experiencia en la que sientes que te están quemando... uno... dos... tres...

—*Como mucho calor...*

—¿En qué posición está tu cuerpo cuando sientes todo este calor?

—*Parada.*

—¿Eres hombre o mujer?

—*Mujer. Parezco una campesina.*

—Sigue...

—*Una campesina joven...*

—Sigue...

—Siento que me acusan.
—¿De qué te acusan?
—No sé...
—¿Quién te acusa?
—Toda la gente del pueblo...
—¿Qué escuchas?
—No puedo escuchar porque gritan —llora muy angustiada, se retuerce...—. Siento mucha angustia...
—Libera todo eso, dejalo salir... saca toda esa angustia... —llora—... ¿qué están diciendo?
—Quieren que yo me muera... —llora.
—Cuando cuente hasta tres, vas a ir al comienzo de toda esa experiencia... uno... dos... tres...
—Siento que estoy atada como si fuera una momia, atada... estoy asfixiada...
—¿Dónde estás?
—Como en una hoguera.
—¿A qué se debe que terminaste en una hoguera?
—Me acusaron de bruja porque ayudaba a las personas... Por eso dicen que soy una bruja y no entiendo por qué me están haciendo esto... Me gritan bruja... ¡bruja!... Yo no hice nada..., yo no hice nada... No entiendo por qué me gritan... No entiendo por qué estoy ahí atada... Estoy atada... Siento que no me puedo mover, como si tuviera plomo en todo el cuerpo... Me ataron las manos..., el cuerpo..., las piernas...
—Sigue...
—Siento que no me puedo mover, no entiendo por qué me hacen esto... si yo no les hice nada... Solo les ayudaba cuando ellos me lo pedían... Les daba preparados con plantas que les aliviaban los dolores...
—Esto de «estoy atada»... ¿qué te hace hacer en tu vida como Teresa?
—Me siento atada...

—¿Y qué te impide hacer?
—Un montón de cosas que quiero hacer y siento como que no puedo... Estoy rígida como cuando voy a hacer los exámenes... Me paralizo de miedo... Me da angustia...»

El alma la llevó exactamente a la vida que necesitaba ir para sanar su miedo. Solo hay que ayudarla a revivir esa experiencia y liberar la emoción allí contenida.

Un terapeuta hábil, entrenado y con experiencia, logrará que lo haga, y ella recuperará su confianza y perderá el miedo a hacer los exámenes, que en definitiva es una consecuencia de haber sido quemada en la hoguera por curar a las personas.

Esto es lo que experimenta cuando muere su cuerpo:

«—Mi cuerpo es como humo...
—¿Qué dirías, que es tu cuerpo o tu alma?
—Mi alma.
—¿Qué pasó con tu cuerpo?
—Quedó ahí... Veo el cuerpo desde arriba.
—Quiero que al observar ese cuerpo, seas consciente de que ese cuerpo se murió y que ya no te pertenece. Quita toda tu energía de ese cuerpo y de esa vida... Voy a cortar las sogas...
—Me siento feliz».

Reparo el cuerpo quemado con sanación chamánica para reconstituir su campo energético y borrar las huellas del pasado...

«—Lleva tu energía hacia la Luz... ¿puedes ver el rayo de luz?
—Sí... Me siento bien, como flotando, como una pluma...
—¿Recibes algún mensaje de tu Ser Superior, Ángeles, Maestros...?
—esta es una excelente oportunidad para que la persona reciba la información que su alma necesita para su vida actual, ya que en la Luz, cielo, o espacio entre vidas, como lo llamemos, es un estado

del alma donde el tiempo no existe, así que puede conectar ambas vidas.

—Sí… Que descanse…, que ya pasó…, que no tenga miedo…

Una sola regresión de Teresa fue suficiente para perder el pánico a hacer los exámenes y convertirse en doctora. ¡Atrás quedaron las hogueras y la ingratitud de los pacientes!

¿Y si mi dolor es de esta vida?

Aunque el dolor sea de esta vida, podemos trabajarlo también con regresión y sanación chamánica, ya que revivimos la experiencia para liberar el dolor, o nos reconectamos con el alma, la recuperamos, y con ella, traemos de vuelta nuestra energía vital para continuar el camino. Y aunque podamos estar arrastrando dolores desde una vida muy lejana, son necesarias las experiencias dolorosas de esta vida actual, para reactivarlos y generar consecuentemente el síntoma.

Cada hecho feliz o infeliz en la vida de cada ser viviente está inmerso en un mar de sucesos sincrónicos, sostenidos por una red infinitamente inteligente que le otorga sentido y dirección a cada microsegundo del universo. Poder comprender esto es en sí mismo sanador, al margen de que creamos o no en la reencarnación de las almas, porque lo experimentado durante una regresión se encuentra registrado de alguna manera en nuestro inconsciente. Incluso aunque creamos que es una fantasía, sana igual. Las emociones y sensaciones se sienten muy reales. Con solo liberar la emoción contenida, se obtienen los resultados terapéuticos buscados: dejar de sufrir y de repetir viejos patrones. Y esa es la finalidad inmediata. La más profunda: la evolución espiritual, y un encuentro consciente con nuestra verdadera identidad, el alma.

Armonización final

Siempre se termina la regresión con una armonización para que la persona se desvincule completamente de esa experiencia pasada y regrese a su consciencia habitual, dejando el pasado finalmente atrás.

Le decimos que elija un color:

«*Ahora vas a sentir cómo la energía del color (...) va envolviendo todo tu cuerpo, sanando, limpiando, purificando todo tu ser. La vibración del color (...) va borrando las imágenes de las experiencias pasadas, apagando emociones y sensaciones y desprendiéndote definitivamente de todo eso... y trae una nueva vibración a tu vida.*

»*Crea una imagen de cómo quieres verte de ahora en adelante, lo que quieres, mereces y necesitas para tu vida ahora... Imagínalo como ya habiéndolo alcanzado; visualízalo, siéntelo en el presente..., atrayendo así esto a tu vida..., haciéndolo manifiesto en tu vida cotidiana. Ya existe en el mundo del Espíritu, en tu plan de vida..., solo tienes que aceptarlo para hacerlo realidad...*

Cuando cuente hasta tres abrirás los ojos y volverás a tu conciencia física en tu cuerpo como (nombre actual), el día (fecha actual) sintiéndote tranquila, relajada y envuelta en un profundo bienestar... uno... dos... tres».

Las *visualizaciones creativas* (la imagen de cómo quiere verse uno más adelante) y *afirmaciones* para lograr nuestros objetivos son muy efectivas; pero lo son mucho más si las hacemos después de haber eliminado con la regresión, las trabas que nos lo impedían. Normalmente aquí finaliza la regresión. Pero quien esté entrenado en otras técnicas de sanación puede realizarlas también durante la armonización. Yo hago una sanación general con el péndulo y armonización de los chacras (centros energéticos del cuerpo); y aplico la sanación chamánica de la línea de Michael Harner, ya que es posible que la persona la necesite como complemento: recuperación de alma, de su animal de poder, reconexión con la fuente de la Luz a través de un cristal, y otras más.

6
La sanación chamánica en la regresión

Es utilizada por todo terapeuta de vidas pasadas de esta línea de trabajo, que incluye la sanación chamánica.

Actúa en la reparación del cuerpo energético de todas las secuelas que han quedado de las experiencias traumáticas de vidas anteriores, y que luego se traducen en dolores físicos o emocionales en esta vida actual. Por ejemplo, si un paciente en una vida pasada fue un soldado que murió atravesado por una lanza, es necesario que en el momento de su muerte en esa vida, el terapeuta *le quite le lanza y suture la herida*. Hay diferentes modalidades chamánicas para realizar las sanaciones. Puede utilizar sus manos, plumas, maracas, piedras, péndulo, etc. Sana las *quemaduras, cortes, fracturas, desgarramientos, golpes; extrae armaduras, cuchillos, espadas, balas, energías, implantes extraterrestres; rompe ataduras, hechizos, maldiciones; cose heridas, agujeros, repara huesos, órganos; une partes desmembradas; hace escupir humo, agua, gas, veneno, anestesia, drogas. Ayuda al paciente a que recupere la energía que perdió cuando fue agredido, y devuelva la que robó al dañar a otros.*

Esta reparación energética se realiza al final de la regresión, cuando el paciente ya ha revivido la experiencia tal cual fue, y necesita reparar ese pasado, transformarlo y sanar las heridas a nivel energético.

Trabajamos chamánicamente, no sobre el cuerpo físico, sino sobre el *cuerpo etérico* que rodea al físico y donde quedan grabadas y registradas las heridas de vidas anteriores, y también de esta.

Y lo que es más importante de todo: el terapeuta de vidas pasadas que trabaja con prácticas chamánicas protege debidamente el ambiente creando un círculo de sanación, una rueda medicinal en el lugar de trabajo antes de comenzar. Invoca, se conecta, pide guía y protección para él y su paciente a sus propios espíritus, ya que *no estamos solos*, todo trabajo a nivel espiritual se realiza siempre en íntima conexión con los espíritus de ayuda o animales de poder, como los llaman los chamanes. Son espíritus trascendidos de compasión y sabiduría que habitan los mundos espirituales (de arriba y de abajo), a los que el chamán accede alterando su estado de consciencia ayudado por el ritmo del tambor o maraca. Para ello es necesario que el terapeuta de vidas pasadas con orientación chamánica realice regularmente estos *viajes chamánicos*, para conocer previamente a sus espíritus de ayuda, de quienes también recibe enseñanzas. Necesitan acostumbrarse a trabajar juntos, por ello incluyo esta práctica en el curso de formación en la técnica, además del uso de los *instrumentos chamánicos* que el terapeuta pueda optar utilizar para facilitar su trabajo.

Recuperar el poder perdido...

María Ana me vino a consultar porque se sentía intimidada ante ciertas figuras masculinas. Lleva una vida activa, con marido, hijos, trabajo exitoso en una gran tienda de ropa. Me llamó la atención ese sometimiento muy sutil ante lo masculino. ¿Por qué terminaba cediendo su poder, en lugar de hacer valer su opinión cuando era necesario tomar decisiones relacionadas con la pareja? Lo mismo le había sucedido en la infancia con su padre. Ella percibía cierto temor. La guío en una relajación:

«—*Recuéstate cómoda, cierra los ojos... Cuando cuente hasta tres vas a ir a la experiencia que tu alma necesita sanar, la experiencia responsable de sentirte intimidada, con temor... Uno... dos... tres. Estás ahí, ¿qué estás experimentando?*
—*Tengo miedo, tengo mucho miedo, por favor... ¡Sácame de aquí!*
—*¿Dónde estás?*
—*Estoy corriendo por el desierto, creo que me persiguen... Son unos hombres... ¡Me quieren atrapar!*
—*¿Cómo eres?*
—*Soy una mujer, tengo unos 15 años, estoy vestida con una especie de túnica negra, larga...* —hablando en voz muy bajita y poniéndose el dedo contra los labios—. *Ssshhh... sshh... me escondí en una tienda de campaña tipo árabe... Sssshhh... No hables, no hagas ruido, que aquí no me van a encontrar... ¡Ay!... me atraparon...* —grita—. *No quiero... ¡Sácame de aquí!* —me pide a mí—. *¡Me llevan arrastrando de los pelos!*
—*¿A dónde te llevan?*
—*¡Me están quemando! Me duele mucho... ¡Ay...! ¡No!*
—*¿A qué se debe que te quemen? ¿Quiénes te queman?*
—*Los hombres de la casa. Vivimos con mi madre y mis hermanas en la casa y tenemos que hacer todo lo que los hombres quieren y yo estoy cansada, ya no quiero. No sé si somos esclavas o es solo por ser mujeres, es un lugar de estilo árabe. Mi madre y mis hermanas están en la casa pero no me pueden ayudar, no las dejan... ¡Mi madre llora! Me castigan porque me he escapado, lo hice por mí y por todas las mujeres... ¡Estaba harta!... ¡No podía ser!*
—*De toda esta experiencia, ¿cuál es el momento más terrible?*
—*Cuando me queman.*

—Cuando te queman, ¿cuáles son tus reacciones físicas?
—Mucho dolor.
—Cuando sientes mucho dolor, ¿cuáles son tus reacciones emocionales?
—Mucho enfado, odio, miedo.
—Cuando sientes enfado, miedo, dolor, ¿cuáles son tus reacciones mentales?
—Los hombres siempre ganan.
—Quiero que veas, ahora, de qué manera todo esto está afectando tu vida como María Ana, esto de «siento mucho enfado, odio, miedo, dolor, los hombres siempre ganan», ¿qué te hace hacer?
—Me da miedo enfrentarme a los hombres.
—¿Y qué te impide hacer?
—Tomar las decisiones correctas.
—Entonces ahora, para sanar todo eso, a la cuenta de tres, vas a ir a instantes antes de que te quemaran, y vas a revivir todo eso profundamente, paso a paso, y vas a permitir que tu alma haga lo que necesita hacer para sanar... Uno... dos... tres, estás ahí, ¿qué estás experimentando?
—Me atan... Siento el humo que me ahoga (cof... cof...) ¡Los odio! ¡Pobres mi madre y hermanas, no pueden venir a ayudarme! ¡Yo quería escaparme también por ellas, para que seamos libres! —golpea los almohadones que le sostengo delante para liberar todo el odio contra esos hombres y la impotencia por no haber podido escapar.
—Ya he muerto.
—¿Qué pasa contigo cuando muere tu cuerpo?
—Me veo desde fuera, estoy bien, en paz. Ya terminó todo.
—Quiero que al observar tu cuerpo, seas consciente de que ese cuerpo se murió, que ya no te pertenece. Quita toda tu energía de ese cuerpo y de esa vida, que no quede nada pendiente. ¿Puedes hacerlo?
—Sí, pero mi cuerpo está todo quemado...
—Voy a reparar tu cuerpo, pero antes vas a escupir, expulsar todo el humo que inhalaste.

Le ayudo a incorporarse y ella espontáneamente comienza a toser y escupir, liberando el humo —energéticamente hablando— mientras limpio con una pluma de águila su campo energético. Se recuesta nuevamente y le digo que voy a sanar su cuerpo quemado. Rocío sobre ella *agüita florida*, un alcohol de flores usado por los chamanes peruanos para la limpieza energética. Cuando ella siente su cuerpo reparado, está lista para irse hacia la Luz pero, antes, necesita recuperar su energía, el poder *que los hombres le robaron*, para eso le digo:

«*—Ahora vas a pedirles a esos hombres la energía que te quitaron, les vas a decir: "devolvedme toda la energía que consciente o inconscientemente me habéis quitado, ¡devolvédmela ahora!"* —ella lo repite tres veces—. *¿Te la quieren devolver?*

—*Sí, la estoy recibiendo* —pone las palmas de las manos hacia arriba.

—*Siente cómo vuelve a ti toda tu energía, limpiada y purificada por Dios...*

—*Ya me fui...*

—*¿A dónde fuiste?*

—*Hacia la Luz... ¡Qué hermoso, aquí estoy bien! Me reciben y me transmiten mucho amor unos más grandes que yo con túnicas blancas, como más sabios. Dicen que ya terminó, que puedo descansar. Que fui valiente.*

—*¿Estás lista para elegir un color para armonizarte?*

—*Sí, estoy en paz.*

—*¿Qué color eliges?*

—*Blanco, como es este lugar...*».

Aquí realizo la armonización sanando también con la vibración de los cuencos y armonizando sus chacras —centros energéticos del cuerpo— con el péndulo. La reconecto con su origen divino llevando a su corazón y su frente un cristal, como me enseñó mi maestro del Mundo de Abajo. También realizo para ella la *recuperación de alma* al estilo puramente chamánico, buscándola con mi animal de poder e insuflándosela en su cuerpo.

María Ana recuperó su poder. Al poco tiempo me escribió un e-mail titulado «De esclava a jefa», donde me contó que su marido protesta un poco porque «*se la cambiaron*», ya no es sumisa... ¡Y me cuenta muy divertida que la nombraron *jefa del departamento de hombres* en la empresa de venta de ropa en la que trabaja! La vida puede tener mucho sentido del humor.

A veces nos sentimos tan atrapados por las circunstancias, que es difícil ver la parte en la que somos libres. A veces nos sentimos en esta vida como María Ana con los árabes. Hasta llegamos a pensar en la muerte como el día de nuestra liberación... La vida no parece ser muy justa..., y nos sentimos tan pequeños e indefensos. Pero aun así, podemos tener el poder de decidir, reaccionar y salir. Esto puede llevarnos lejos, a buscar respuestas más profundas, a ensanchar nuestros horizontes..., a descubrir nuestra verdadera identidad más allá de la apariencia...

> «*Yo no soy yo. Soy este que va a mi lado sin yo verlo;*
> *que a veces voy a ver, y que a veces, olvido.*
> *El que calla, sereno, cuando hablo,*
> *el que perdona, dulce, cuando odio,*
> *el que pasea por donde no estoy,*
> *el que quedará en pie cuando yo muera.*»
>
> Juan Ramón Jiménez

7
Reencarnación

«Reencarnación significa volver a tomar un cuerpo.
Nuestra mente es energía, y en física la ley de la termodinámica
enuncia que la energía no se destruye. Si la mente es energía,
¿qué pasa con esta energía cuando alguien muere?»

SRI SRI RAVI SHANKAR

Hay varias teorías, religiones, filosofías que hablan sobre el tema. No es la finalidad principal de este libro profundizar en la historia ni en los conceptos teóricos, sino la de mostrar la evidencia encontrada a través de mi experiencia clínica con la técnica de regresiones. Pero a pesar de que *la verdad* que se busca en una terapia de regresión es la *verdad del sujeto*, que siempre es subjetiva por definición y no aporta pruebas concretas que puedan demostrar la existencia de la reencarnación, tal vez sí los invite a reflexionar, a dudar, a cuestionar, ¿y por qué no?, a abrirse a la posibilidad de que «*algo de cierto haya en todo esto*», como me sucedió a mí, y entre otros, al psiquiatra norteamericano Raymond Moody, quien con su propio testimonio, nos dice: «*Mi experiencia con vidas pasadas ha cambiado mi sistema de creencias. Ya no considero estas expe-*

riencias como "rarezas". Ahora las considero sucesos normales que le pueden suceder prácticamente a cualquiera que se deje hipnotizar. Como poco, son revelaciones profundas del subconsciente. Como mucho, son evidencias de vida antes de la vida».

¿De qué hablamos cuando hablamos de reencarnación?

El Alma, en el ciclo de las reencarnaciones, va tomando diferentes cuerpos, buscando experiencias para aprender, mejorar y finalmente volver al origen, pero habiendo *recorrido el camino,* que no es lo mismo que *no haber salido nunca de casa y quedarse sólo con la teoría.* Es lo que llamamos, desde el punto de vista del cuerpo: *tener varias vidas,* para el alma, son solo diferentes experiencias y una sola vida. Al morir el cuerpo, el alma asciende a la Luz, su verdadero hogar, el mundo espiritual, para luego, llegado el momento apropiado, volver a tener otra experiencia en el planeta Tierra, y para ello, necesita un cuerpo físico. Volver a nacer, decimos nosotros.

¿Para qué se toma tanto trabajo? Por alguna razón necesita experimentar lo que ya sabe merced a su origen: La Fuente Divina. El Espíritu. Dios. Necesita desarrollarse, desplegarse.

¿Cómo comenzó todo? No lo sabemos. ¿Quién lo puede decir? Tal vez un buen día Dios decidió ser consciente de sí mismo y tener experiencias, y para ello envió a lo largo y ancho del Universo, que Él mismo había creado, *partecitas* suyas para que experimentaran, conocieran y brindaran ese conocimiento al Todo. Y una de las experiencias que decidieron que valía la pena tener, era *la dualidad* que se experimenta en la densidad de la materia. Y así es como algunas almas —primera densificación del Espíritu— vinieron a este planeta Tierra creado para ese propósito, donde existen los opuestos que nos permiten experimentar el placer y el dolor, la angustia y la alegría, el amor y el odio… Pero luego las almas olvidan a qué vinieron, confundidas con tanta distracción de la vida cotidiana. Olvidan su origen y solo creen en lo que ven, tocan, huelen…, solo en lo que su *vehículo físico* —el cuerpo— les reporta como verdadero. Se desconectan de su propósito y entran en confusión, en el sinsentido de su vida.

Pero la conexión nunca se pierde del todo, siempre está ahí, solo debemos reaprender a escuchar. Entender que la separación es tan solo una ilusión. Este *olvido* es parte del plan divino, ya que al haber elegido un mundo físico para aprender, necesitamos experimentarlo estando inmersos en él. Y cada vida, cada nueva oportunidad de aprendizaje, se vive como un nuevo comienzo. Esto hace todo más fácil por un lado —ya que olvidamos nuestras faltas de las vidas anteriores—, y más difícil por el otro, porque también olvidamos nuestro propósito de vida, y que nuestra verdadera identidad es espiritual.

A medida que evolucionamos vida tras vida, vamos entendiendo la diferencia entre *estar en el mundo* y *ser del mundo*, reconociéndonos como seres espirituales teniendo experiencias físicas, hasta finalmente lograr trascenderlo liberándonos de los apegos que nos mantienen en él y, por ende, de la necesidad de regresar.

En el BHAGAVAD GITA (Sexta Parte), está expresado así:

«Pero aquello que es, nunca dejó ni dejará de ser, pese a las apariencias (…) Estos cuerpos que sirven de envoltura a las almas que los habitan son mortales y no deben confundirse con el hombre verdadero (…) En verdad, nadie puede matar o morir (…) El cuerpo puede morir y ser muerto, mas el espíritu que mora en el cuerpo no puede morir (…) Ningún arma puede herirlo, ni el fuego quemarlo, ni el agua humedecerlo, ni el viento secarlo, porque es invulnerable, incombustible, impermeable, eterno e inmutable. En una palabra: es real».

«*Nunca huella el sendero de perdición quien rectamente obra y en mí confía (...) aunque no haya alcanzado la perfección, va después de la muerte al lugar de los justos que todavía no alcanzaron la liberación. Allí mora dichoso durante muchísimos años, hasta que renace en condiciones a propósito para llegar a la ulterior perfección que lo aguarda.*

Allí en la nueva vida, recobra las características que adquirió en la anterior, y así reanuda las lecciones de la experiencia en el mismo punto en que las abandonó, para adelantar en su individual perfeccionamiento. Lo que una vez se adquiere no se pierde con la muerte, pues la esencia de lo adquirido y conquistado se infunde en la nueva personalidad del Yo.

Y con paciente y perseverante aplicación, libre de sus errores y completamente evolucionado, después de muchos renacimientos alcanzará el dominio de sí mismo y la suprema paz».

Somos eternos

Cómo vinimos, de dónde y hacia dónde vamos, puede estar en discusión. Pero estamos aquí, eso no lo podemos negar. También sabemos que tenemos un cuerpo, una mente, emociones, diferentes capacidades, virtudes y defectos, pero en esencia estamos vivos. ¿Qué nos mantiene vivos? ¿Es la conciencia o alma la causa de que el cuerpo tenga vida, o al revés: la conciencia es simplemente un epifenómeno, una consecuencia de una parte del cuerpo, el cerebro? El Premio Nobel de Física Niels Bohr, expresó: «*Es evidente que ni en la física ni en la química podemos encontrar algo que posea, siquiera, un vestigio de conciencia. Sin embargo, todos sabemos que existe ese algo que llamamos conciencia, simplemente porque todos la tenemos. Por lo tanto la conciencia tiene que ser parte de la naturaleza, o, más en general, de la realidad; lo cual significa que, por entero separada de las leyes de la fí-*

sica y de la química según se expresan en la teoría cuántica, tenemos también que considerar la existencia de leyes de una clase por completo diferente». Esta consciencia o alma es eterna. No tiene principio ni fin. No muere.

Argumentos a favor y en contra de la reencarnación

Vale la pena considerar el libro que el sacerdote jesuita Carlos Vallés dedicó a este tema, bajo el nombre: *¿Una vida o muchas? Un cristiano ante la reencarnación.* Vallés no es un religioso común y corriente, sino alguien que tuvo una vida extraordinaria. Aunque nació en España, tras hacer su noviciado fue enviado a la India en 1949 como misionero. Durante muchos años vivió como huésped ambulante, mendigando hospitalidad de casa en casa en los barrios pobres de Ahmedabad. Esto le proporcionó un conocimiento directo y una experiencia valiosa del modo de vivir y entender la vida de hindúes, mahometanos, amistas, budistas, parsis y animistas que se daban cita en esa ciudad cosmopolita. Esta experiencia enriqueció grandemente su propia cultura y pensamiento, y lo inspiró para escribir libros en inglés y en castellano de acuerdo con la enseñanza del Concilio Vaticano II, con lo cual fomentó el encuentro de las religiones del mundo entero. Vivió en la India durante cinco décadas, y escribió numerosos libros sobre espiritualidad.

En su libro sobre reencarnación, plantea —siguiendo el método dialéctico de Santo Tomás de Aquino— argumentos tanto a favor como en contra de esa creencia, con el objetivo de dar al lector la posibilidad de elegir qué argumentos le resultan convincentes, y cuáles no.

Básicamente, los *argumentos a favor de esa creencia*, son —según Vallés—, los siguientes:

1. La justicia divina

«*El argumento más fuerte a favor de la reencarnación es el de la justicia divina (...) No vemos justicia en la vida. No hay igualdad*», afirma el autor. Si Dios es infinitamente justo y misericordioso, ¿cómo puede ser que unos sufran más que otros...? Y cita a Annie Besant, quien fuera presidente de la Sociedad Teosófica: «*La reencarnación resuelve, como no lo hace ninguna teoría de la existencia humana, los problemas de la desigualdad de las circunstancias, de capacidad, de oportunidades, que de otra manera quedan como evidencia de que la justicia no es un factor de la vida, sino que hombres y mujeres son un mero juguete del favoritismo de un Creador irresponsable, o bien, de las fuerzas ciegas de una Naturaleza desalmada*».

2. Una sola vida es muy poco

«*En la hipótesis de que tenemos una sola vida, nos encontramos con que tenemos que jugarnos la eternidad a una sola carta*», dice Vallés, sugiriendo que sería *muy duro* que esto fuera así, ya que... ¿cómo puede ser que un alma inmortal se vaya al cielo o al infierno tras una brevísima estancia en la Tierra?... «*Una sola vida, larga o corta, feliz o desgraciada, culta o primitiva, espiritualmente avanzada o socialmente reprimida..., y al final de esa vida, la sentencia única y definitiva que le da al alma (y al cuerpo) un destino absoluto*». Una vez más, se pone en juego la justicia divina, ya no en relación a la idea de desigualdad, sino a la de la brevedad de la vida. Por otra parte, dice Vallés, la creencia en la reencarnación mitiga el miedo al infierno, y, con ello, la manipulación de las conciencias por parte de las religiones: «*La reencarnación, una vez más, viene a suavizar la situación. La muerte que esperamos con certidumbre al final de esta vida ya no es la prueba exclusiva y temida de la que pende toda la eternidad. Es solo una oportunidad que, si no se ha aprovechado debidamente, irá seguida de otras mientras haga falta hasta que vayamos aprendiendo y pasemos el examen (...). La carrera es larga, pero al final está asegurado el título. Desaparece la amenaza del infierno y la angustia por la muerte».*

3. La muerte es más dulce

«*Si la reencarnación nos suaviza lo que viene después de la muerte, nos suaviza también el trance de la muerte*», dice Vallés, y apelando a su experiencia de haber vivido durante décadas en la India, cuenta cómo las personas de ese país, gracias a la creencia en la reencarnación: «*Mueren con más naturalidad, facilidad y conformidad de lo que yo estaba acostumbrado a ver y oír en la vieja Europa*». Y enseguida agrega: «*Si la muerte es el momento de la verdad, aquí hay algo digno de examinarse y estudiarse, pues una creencia que acompaña fielmente a la persona en el lecho de muerte y le facilita el paso por el trance supremo que a todos nos habían enseñado a temer y preparar, tiene algo que decir a su favor*". Con esta creencia, dice Vallés de modo agudo y contundente: «*La muerte, literalmente, ha perdido su aguijón*». Y todavía suma en relación a este tema crucial de la muerte un argumento más en favor de la reencarnación: «*... y aun en el aspecto de separación y despedida de seres queridos que la muerte conlleva, la reencarnación suaviza el trance, pues se entiende que las almas que estuvieron cercanas unas de otras en una vida se buscan mutuamente en la siguiente y así las relaciones continúan. Tras una breve separación volvemos a encontrarnos. Sentimos el tirón de la despedida, porque todas las despedidas son tristes, pero sabemos que la prueba dura poco. Todo esto hace más fácil la muerte y aligera el trauma*».

4. La memoria de otras vidas

El cuarto argumento a favor de la reencarnación es de tipo empírico (basado en la experiencia), y no racional. Tiene que ver con aquello que dice una persona cuando afirma: «*Esto ya lo vi antes, lo oí, lo sentí*». Fenómeno que se conoce como *dejà vu*. La mayoría de las personas tienen a lo largo de sus vidas la *sensación* intensa y pasajera de que *esto ya lo viví antes*, o de que *yo estuve alguna vez en este lugar*, o bien, que *yo sé que te conozco de antes de conocerte*. Y si bien para algunas de esas *sensaciones* pueden existir razones psicológicas, para muchas no, y es por esto que: «*La reencarnación ofrece una explicación obvia para estas experiencias, y es que la situación que es nueva para mí en esta vida, me era familiar en una vida anterior*».

5. Diferencias entre hermanos. Niños prodigio. Genios

¿Cómo puede explicarse que de unos mismos padres nazcan hijos con cualidades tan distintas...? «*En una misma familia, donde la herencia genética es la misma para todos los hermanos y hermanas, nos encontramos con un hijo distinto, con una hija original, con un genio entre vulgaridades o con una santa entre las bajezas. ¿Cómo se explica esto?*», pregunta Vallés, y responde con palabras de Annie Besant: «*Aquí, como en todos los casos, es la reencarnación la que nos da la clave, ya que coloca las cualidades mentales y morales en el Yo inmortal, y no en el cuerpo físico nacido de los padres. Encontramos gran parecido físico entre los hermanos cuyos caracteres mentales y morales distan de polo a polo. La herencia puede explicar el parecido, pero no la distancia. Aquí entra la reencarnación y completa la teoría del desarrollo humano*». Y agrega Vallés: «*Los gemelos, aunque sean idénticos en la infancia, se diferencian grandemente cuando llegan a ser mayores, y esto, como en el caso anterior, solo lo puede explicar la reencarnación*». Después, hace mención de los niños prodigio, que parecen *nacer sabiendo*, según es el caso de Mozart, y a este respecto Vallés asevera: «*El fenómeno de tales genios precoces exige una explicación a manos de la ciencia, y no hay otra que la reencarnación*». Y remata el argumento con una hermosa frase: «*En tales casos hay que buscar el águila original, y no la genealogía de gorriones*».

6. *Regresión hipnótica*

Otro argumento a favor de la reencarnación es la hipnosis regresiva: «*Es sabido* —afirma Vallés—, *que personas bajo hipnosis recuerdan sucesos de su infancia que su memoria consciente había olvidado, y en algunos casos se ha verificado la exactitud de la memoria hipnótica. En ese ejercicio, algunos hipnotizadores han llegado a evocar memorias de encarnaciones anteriores a la presente, y eso es considerado por algunos como prueba de la existencia en la reencarnación*».

Luego, Vallés expone brevemente posibles *argumentos en contra de esa creencia*. Cabe aclarar que al dejar para el final las refutaciones, el lector tiende a quedarse más con los argumentos en contra que con los que están a favor de esa creencia, lo cual no deja de ser un modo sutil de inclinar la balanza del debate hacia un lado sin que casi *se note*. No hay que olvidar que Carlos Vallés es sacerdote, y en este sentido, no puede faltar a su compromiso con la ortodoxia de la religión que representa. De hecho, en mitad de su libro sobre la reencarnación, dice: «*Es creciente el número de cristianos que dicen sencillamente que no creen en el infierno. Son dueños de decirlo, pero que sepan que esa negación es contraria a la doctrina que profesan*». Esta advertencia de Vallés no puede pasarnos por alto, ya que tanto vale su advertencia para la creencia en el infierno, como para la creencia en la reencarnación.

1. ¿Unos se acuerdan y otros no?

Vallés asegura que es en cierto modo injusto que unos tengan la posibilidad de recordar sus vidas pasadas, y otros no, ya que los primeros tienen la posibilidad de tomar medidas y enmendarse gracias a ese recuerdo: «*En este tema del recuerdo de vidas pasadas, a mí personalmente me resultaría más aceptable la reencarnación* (nótese la expresión "a mí personalmente" de Vallés, que no había utilizado en sus argumentos a favor de la reencarnación), *si nadie se acordara de su vida pasada; la insistencia en que algunos sí se acuerdan, a mí me resulta contraproducente* (dice Vallés "a mí", en vez de mantener el tono objetivo de sus argumentaciones anteriores, es decir, que claramente toma partido por la no creencia en la reencarnación, y se pone a salvo de la hoguera del escándalo y la reprimenda), *es decir, que daña a la misma causa de la reencarnación que pretende ayudar. Me explico. Tenemos tres posibilidades. La primera es que todos nos acordáramos de nuestras vidas pasadas. Esto, desde luego, crearía situaciones intolerables. Gandhi ya dijo que el olvido es un favor que nos hace la naturaleza, el que no recordemos nuestros nacimientos anteriores*», y pone el ejemplo de alguien que hubiese sido Abraham Lincoln, y tuviera que recordar el modo en que fue asesinado en su vida anterior. Y en líneas subsiguientes: «*Por demás, la vida sería imposible si reconociéramos a todos nuestros tíos y nuestras abuelas y todos nuestros parientes y amigos de todos nuestros nacimientos anteriores en nuestros conocidos de ahora. La hipótesis queda descartada por sí misma. No podemos volver a vivir nuestras vidas anteriores en esta*», concluye Vallés, dejando a las claras su posición al respecto. Y todavía afirma, olvidando que su intención primera era ofrecer al lector *objetivamente* los argumentos a favor y en contra de esta creencia: «*Que unos se acuerden de sus vidas pasadas y otros no, hipótesis que parecen proponer los seguidores de la reencarnación, a mí no me convence. ¿Por qué han de acordarse unos, y otros no? ¿Por qué se acuerdan ellos, y yo no? (...) No entiendo esa parcialidad de la naturaleza, y creo que no ayuda a presentar en su luz más favorable la teoría de la reencarnación. O todos o ninguno. No me ayudan esas declaraciones que —salvando siempre la dignidad de la persona—, me parecen hechas sin suficiente fundamento».*

Sin embargo, después de leer estas refutaciones de la creencia en la reencarnación, el que unos se acuerden y otros no, no es a mi entender una parcialidad de la naturaleza ni un argumento en contra de la reencarnación, sino todo lo contrario. Primero deberíamos ponernos de acuerdo acerca de a qué llamamos *recuerdo* y por qué el *no tenerlo* representaría una desventaja para la persona. ¿Acaso yo recuerdo absolutamente todo lo que sucedió en mi vida desde el momento de mi concepción? ¿Tienen una gran ventaja quienes poseen mayores recuerdos de su infancia? ¿La falta de recuerdos me podría llevar a dudar de la existencia de mi infancia? Por otro lado los recuerdos pueden ser parciales y no totales como normalmente sucede. Los recuerdos de las situaciones de vidas anteriores están representados actualmente por los síntomas, trabas, marcas de nacimiento, etc., que vienen de esas experiencias, y eso sin mencionar a muchos niños que recuerdan parte de sus vidas anteriores, y adultos que también lo hacen al reconocer un lugar o una persona que no habían visto antes en esta vida. Para la evolución de la conciencia, que es la finalidad primordial del ser humano, no es necesario tener los recuerdos empíricos de cada experiencia vivida en el pasado, de hecho sería casi insoportable. Así como no hace falta recordar de memoria cada página leída en cada libro, no es necesario recordar las experiencias con las que hemos adquirido el conocimiento. Nos quedamos con lo aprendido y con lo que necesitamos aprender. Eso es lo que llevamos vida tras vida. Solo seres con una gran evolución de conciencia como los lamas recuerdan con facilidad numerosos hechos concretos de sus vidas. Otro argumento en contra de lo que dice Vallés de que *no todos pueden recordar sus vidas anteriores* es que en una regresión a vidas pasadas realizada correctamente por el profesional adecuado, la gran mayoría de las personas puede recordarlas. Y el alma, priorizando siempre la evolución y la sanación de la persona, la llevará a recordar y revivir el hecho concreto que necesita para sanar su síntoma, que representa a ese mismo recuerdo pero de una manera *disfrazada*, como diría el psicoanálisis.

2. Si pierdo la memoria al volver a nacer, no es justo que «yo» pague lo que hizo «mi otro yo» en la otra vida

«Sin memoria (que reside en el órgano del cerebro) no hay personalidad, porque aunque el cuerpo físico exista en continuidad, ayer ya no existe. Lo que da consistencia, permanencia y continuidad a nuestro ser consciente es la memoria constante de ser quienes somos. Si pierdo totalmente la memoria y dejo de acordarme de quién soy, pierdo con ella mi pasado, mi historia y mi personalidad. Es decir, en la práctica dejo de ser yo. Ahora bien, todos hemos perdido la memoria de nuestras (supuestas) vidas pasadas. Si hay algo que sabemos de cierto en esta materia de la reencarnación es que casi nadie se acuerda de lo que él o ella fue o hizo o mereció en nacimientos anteriores. Yo no tengo ni idea de lo que he hecho en otras vidas, si es que las tuve, y así cuando me dicen que lo que ahora sufro o gozo es en pago de lo que en esas vidas hice de malo o de bueno, no puedo menos que admirarme y extrañarme, ya que no me acuerdo en absoluto de aquello por lo que ahora me premian o me castigan. Al no haber vínculo de memoria entre quien hizo la acción y quien recibe el merecido, en la práctica es una persona la que obra, y otra la que recibe el castigo o el premio por tal obra. Y con eso queda destruida la justicia divina que se pretendía salvar. En la práctica, repito, es uno quien comete el crimen, y otro quien recibe el castigo. La justicia divina queda aún peor que antes». Y todavía agrega Carlos Vallés, con la clara intención de demoler la polémica creencia: *«No*

tiene sentido ni ético ni pedagógico el correctivo aplicado a una persona que no se acuerda de lo que ha hecho. No tiene sentido pedagógico porque quien no tiene memoria no puede proponerse la enmienda; y no tiene sentido ético porque no hay continuidad de responsabilidad al no haber memoria. Y nadie, en general, tiene memoria de sus vidas pasadas. Por eso no tiene sentido que nos premien o nos castiguen por ellas».

Ahora bien, si Vallés, siendo jesuita, dice que la memoria reside en el cerebro, entonces, siguiendo su mismo argumento, después de la muerte del cuerpo físico —por ende del cerebro—, quien llega al cielo, al infierno o al purgatorio, es *otro, no soy yo*, o sea que allí tampoco habría justicia divina. No olvidemos que la Iglesia Católica dice que los seres humanos fuimos hechos *a imagen y semejanza de Dios*. Dios no es físico, es espiritual. La teoría de la reencarnación postula que nuestra verdadera identidad es espiritual y no física, y que el recuerdo de una vida a otra y la continuidad de la identidad, se da a través del cuerpo energético. Además es importante mencionar que por más que hablemos de *justicia divina*, no estamos hablando, en la teoría de la reencarnación, de *premios o castigos* sino de aprendizaje y de evolución. Y a propósito de esa confusión en la que incurre Vallés al decir que yo soy castigado en esta vida por los errores cometidos por *el otro* que fui en vidas anteriores, cabe citar unas palabras del escritor y filósofo belga (premio Nobel de Literatura) Maurice Maeterlinck, de su libro *Los Senderos de la Montaña*: «*El karma es la entidad inmortal que el hombre forma con sus actos y sus pensamientos y que a menudo lo sigue, o más bien dicho lo devuelve y lo absorbe a través de sus vidas sucesivas, y se modifica como ella misma se modifica continuamente, pero conservando todas las características anteriores. Los pensamientos, lo dice acertadamente la doctrina, forman el carácter, y las acciones forman el ambiente. Lo que el hombre ha pensado, es lo que ha sido después; sus cualidades, sus dones naturales se adhieren a él como resultado de sus ideas. El hombre es, en verdad, creado por él mismo.*

»Es, en el sentido más amplio de la palabra, responsable de todo lo que es. Él se encuentra envuelto en la red de todo lo que ha hecho. No puede deshacer ni destruir el pasado, pero, mientras los efectos han de suceder, aún le es posible modificar estos o desviarlos con nuevas fuerzas. Nada puede hacérsele sin que lo haya merecido. En el desarrollo infinito de las eternidades, no volverá a encontrar otro juez más que a sí mismo».

3. La reencarnación nos vuelve especuladores y «perezosos morales»

«Que la creencia en la reencarnación nos hace perezosos en nuestra vida moral y retrasa nuestro avance en el refinamiento de la conciencia y en el enderezamiento de la conducta..., las dos cosas son verdad. Según cómo se tome la creencia en el karma, puede ayudar o estorbar al crecimiento moral de la persona. Puede ayudar, si se toman en serio las consecuencias que para vidas futuras tendrán nuestras acciones en esta vida, y puede estorbar si la persona se relaja excesivamente y se toma con perezosa calma el negocio de su perfeccionamiento como persona ante su conciencia y ante la sociedad, pensando en que le sobra tiempo en vidas futuras para dedicarse a una tarea que conlleva ciertas molestias».

Sin embargo, lo que aquí Vallés no llega a comprender en profundidad es que para la teoría de la reencarnación, no hay *muchas vidas*, sino un alma en muchos cuerpos viviendo diversas experiencias. Para el alma es la misma vida, hay una continuidad, y no hay ningún motivo para obrar adrede de una manera que traiga consecuencias negativas para la persona o su entorno y retrasar la mayor felicidad que es la iluminación. Quien obra de manera *perezosa*, lo hace debido al poco desarrollo de su nivel de conciencia, tal vez estoy de acuerdo con Vallés en que una de las herramientas para despertarlo puede ser amenazarlo con el infierno, pero otro modo más benévolo es amedrentarlo con futuras vidas de sufrimiento o limitaciones. La teoría de la reencarnación nos hace responsables de nuestra propia carrera, y nos invita a elevar nuestra conciencia en el menor plazo posible.

8
Karma

*«La ley del karma garantiza que nuestras acciones tengan
consecuencias apropiadas, para así poder crecer.»*

ALEX KENNEDY

El karma y sus leyes nos mantienen en la rueda de la reencarnación. Ya que volvemos a encarnar si quedan temas pendientes para nuestra evolución. Pero no hablamos de castigo, sino de aprendizaje para nuestro crecimiento. Ni Dios ni nadie se beneficia con nuestro sufrimiento. Lo que nos sucede tiene que ver con muchas cosas: nuestras acciones, pensamientos, decisiones pasadas —de esta y otras vidas—, el proyecto que creamos antes de nacer con los propósitos para esta vida, las tendencias del carácter que se fueron arraigando en tantas encarnaciones, los miedos a raíz de experiencias pasadas, las creencias, gustos, rechazos, errores y aciertos. Todo esto genera karma. Es lo que cosechamos por haberlo sembrado antes. Como dice Alex Kennedy en *La Rueda, La Espiral y El Mandala*, para el budismo: *«La ley que gobierna el funcionamiento del orden kármico es así: toda acción a voluntad produce un efecto que es, finalmente, vivido por el agente. La naturaleza del efecto está determinada por la intención con la que el acto se ha realizado».* Pero agrega: «*El hecho de que nuestras acciones pasadas moldeen nuestra experiencia presente no significa que tengamos que aceptar la situación pasivamente (...) debemos tratar de establecer un patrón de conducta más perspicaz que invalide cualquiera de los efectos negativos de nuestros propios actos pasados. Un budista trabaja infatigablemente para eliminar el sufrimiento donde quiera que lo encuentre, ya sea en sí mismo o en los otros».*

Diferentes tipos de karma

«El significado literal de karma es acción.
Lo que siembres ahora se convertirá en tu futuro karma.
Tienes un cierto grado de libertad de acción
ahora para adquirir más karma.
Y tienes también un destino seguro del que has sido provisto
que no puedes cambiar.
Esto sucedió y está dando resultados.»

SRI SRI RAVI SHANKAR

En las tradiciones orientales se habla de tres tipos de karma: Sanchita, Parabdha y Agami.

El *karma sanchita* es el *cosechado* o *almacenado* a lo largo de todas nuestras existencias. Es como semillas, está latente o bajo la forma de tendencia. Es como la memoria. El karma *sanchita* puede terminar o cambiar mediante prácticas espirituales antes de que se manifieste.

Parabdha significa *comenzado*, la acción que ya se está manifestando. Es el karma que está rindiendo su fruto o su efecto en este preciso momento. No lo puedes evitar ni cambiar porque ya está sucediendo. Es el *puñado de semillas* que se eligen para una determinada vida, y conforman las circunstancias que ocurrirán en esa vida.

El karma *Agami* es aquel que no ha venido aún, que tendrá lugar en el futuro. Es el karma futuro de las acciones de esta vida.

Algunas cosas no se pueden evitar

Algunos karmas se pueden cambiar, otros no. Tal vez, *lo que les sucedió ahora,* que es la razón por la cual están leyendo este libro, no se pudo cambiar y no se podría haber cambiado… ¿Por qué?, ¿porque somos malos? No, no lo creo. Tal vez no era conveniente ni posible cambiarlo, ya estaba decidido en nuestro *plan de vida.* Y estaba lanzado…, era imposible o poco conveniente modificar el curso de los hechos por un motivo acorde a las leyes cósmicas del karma. Tenía que ser así por alguna razón que desde aquí, con la mente limitada, no podemos comprender. El karma es muy complejo. Muchas veces, en regresión, alcanzamos cierta comprensión de su funcionamiento, y un conocimiento más profundo de nosotros mismos, y de nuestra historia amplificada con *La Mirada del Águila.* Como nos lo recuerda el líder espiritual contemporáneo Sri Sri Ravi Shankar: «*El karma tiene infinitas alternativas porque la Creación no es lineal sino multidimensional. La verdad no es lineal, es multidimensional. La verdad es esférica. Dentro de una esfera, cada punto está conectado con cada uno de los otros puntos. Si se tratara nada más que de una línea recta, un punto se conectaría solamente con dos puntos, uno delante y otro atrás. En la esfera, un punto está conectado desde todas partes en 360 grados. Por eso, en Bhágavad-gitá, Krishna dijo: "los caminos del karma son insondables"*».

Está en nosotros la responsabilidad de cambiar aquel karma que todavía podemos revertir, ya que no es el castigo lo que se persigue, aun después de una mala acción, sino el entendimiento, la comprensión, la evolución. Si tenemos una tendencia a ser muy egoístas o violentos, por ejemplo, a veces el comprenderlo, arrepentirnos y cambiar, puede bastar para suavizar el karma que está latente. Podemos elegir *reparar* nuestros errores haciendo servicio al prójimo, como es el caso de muchos profesionales de la salud. Continuemos con Sri Sri Ravi Shankar para ilustrar este concepto: «*Cuanto más conciencia tomas de tu comportamiento y de tus costumbres, el karma se reduce*». Cómo reaccionemos ahora después de esta muerte, enfermedad, dolor, es nuestra decisión, y así estaremos trazando el camino de nuestro futuro, y el maestro agrega: «*Creando consciencia de nuestros pensamientos, actos y decisiones de cada momento:* lo que siembres ahora se convertirá en tu futuro karma».

Experiencia en las regresiones

Pero no hace falta ser budista, ni siquiera religioso, para estar inmersos en la rueda del karma. Es universal e independiente de nuestras creencias. En mi experiencia con las regresiones, todas las almas, sin importar su cultura o inclinación espiritual, se refieren de una u otra forma al karma, como eje de sus experiencias en la Tierra, y como aprendizaje y evolución individual y de la especie.

La dimensión en la que las almas ascienden después de morir su cuerpo y donde permanecen antes de volver a encarnar, lo denomino *la Luz* o *Espacio entre Vidas*, donde pueden darse cuenta del propósito de su vida actual y del aprendizaje logrado en vidas anteriores. Es una dimensión espiritual de una gran luminosidad y paz, donde los pacientes manifiestan encontrarse con seres de luz que los reciben y con otras almas, compañeras de muchas vidas. Con algunas de ellas, pueden tener todavía asuntos pendientes que resolver en su encarnación actual.

Generalmente, durante la regresión, hago al paciente esta pregunta en el momento de llegar a la Luz después de la muerte en una vida pasada: «¿*a qué se debe que pasaste por esta experiencia?*», refriéndome a la situación dolorosa atravesada en esa vida, y la respuesta, que puede provenir de sus Maestros Espirituales o del propio Ser Superior, le permite comprender su padecimiento desde la perspectiva más abarcadora del karma, de la historia de su alma, así como la relación de esa vida con la actual, recuperando el aprendizaje y descubriendo la asignatura pendiente para esta vida. Normalmente a esta altura de la regresión, el trabajo del paciente ya está completo, y él se prepara para la armonización final; pero a veces, manifiesta que debe *volver a bajar*, entonces le pregunto*: «¿a qué te refieres con volver a bajar?»,* y me responde que tiene que ir *a otra vida*, o a esta misma en que está encarnado ahora, y lo interesante es que cuando vuelvo a preguntar: «*¿a qué se debe que tienes que volver a encarnar?*», las respuestas son muy similares en todos los casos, independientemente de la creencia espiritual o religión del paciente: *aprendizaje*. No utilizan un término específico para referirse a la reencarnación, solo dicen que tienen que *volver a bajar*, *ir otra vez*.

A pesar de que en las regresiones la reencarnación se presenta como un hecho indudable, no hace falta creer en ella para hacer una regresión, ya que el solo hecho de desear sanar, superar trabas, bloqueos, dejar de repetir patrones, enfermedades, malas relaciones, aprender a ser más felices y encontrarle un sentido más profundo a la vida, lleva de por sí, a la evolución del alma, propósito de la reencarnación.

Atrapados por el pasado

No solo el karma estrictamente dicho, sino también *los apegos,* nos mantienen en la rueda de la reencarnación. Generalmente más de la cuenta, porque a pesar de haber aprendido nuestras lecciones, nos cuesta soltar el pasado. Este actúa como un imán para volver a encarnar. *Y sobre ellos es donde actúa precisamente la Terapia de Vidas Pasadas:* cuando vivimos y morimos en un cuerpo, podemos sufrir dolores, angustias, miedos, alegrías, apegos a las personas, las cosas o lugares; nos aferramos, odiamos, amamos, nos apartamos, estamos solos o desearíamos estarlo, nos sentimos libres o atrapados, fluimos o estamos atascados... ¡Tantas vicisitudes humanas quedan grabadas en el cuerpo al morir, independientemente de que hayamos aprendido o no la lección! Vivimos una experiencia simplemente para ser transformados por ella (lo que llamamos aprendizaje) y luego debemos dejarla ir. Y eso nos cuesta mucho.

A los seres humanos nos resulta muy difícil pasar por la experiencia, vivirla en todos sus matices, y luego soltarla. Tendemos a quedar en parte atrapados por ese pasado. Fíjense, si no, cuando le recordamos a nuestra pareja lo que nos hizo o dijo veinte años atrás y ella dice sin poder creer lo que escucha: *¡pero si pasó hace veinte años!* Lo que sucede es que para nosotros no pasó el tiempo, el rencor quedó y nos sigue atando al pasado. ¿Por qué sucede esto? Porque la experiencia no fue vivida plenamente por nosotros, esto es: no dijimos lo que pensábamos en ese momento, no nos pudimos defender, no lloramos, no nos compramos lo que queríamos, no estudiamos y entonces nos postergamos..., etc. O en una vida anterior nos mataron injustamente sin posibilidad de defendernos: morimos con el dolor y el enfado dentro. Por eso la experiencia quedó inconclusa, en puntos suspensivos..., y ahora reflota en cada oportunidad que pueda asomar la cabeza, pero en forma disfrazada y fuera de lugar y de tiempo, como un síntoma físico o emocional.

Esas experiencias inconclusas, de esta u otra vida, quedan como semillas en el alma esperando la oportunidad de generar una situación similar y salir a la superficie. Pero la verdadera intención del alma es lograr terminarlas y dejar el pasado definitivamente atrás.

Nos mantiene atados a la rueda de reencarnaciones hasta que lo soltemos. Son los famosos apegos. Por eso los Maestros Espirituales nos recuerdan constantemente la importancia de *vivir en el presente*, que es tan solo: *vivir el presente en plenitud y luego dejarlo ir*. Eso nos hace libres.

El objetivo de la Terapia de Vidas Pasadas con Orientación Chamánica es revivir esa experiencia, completarla... y liberarnos. El pasado queda atrás. También recordamos la enseñanza que nos trajo esa experiencia, logrando el aprendizaje. Y así, el síntoma que trajo al paciente a la consulta no tiene motivo para seguir estando ahí. Desaparece.

Que permanezcan vibrando en tus oídos las sabias palabras de Krishna, o del dios de la religión de cada uno, en el *Bághavad-gitá*:

«También te digo, Arjuna, que a quienes ven en Mi al Actor de toda acción, y con sinceridad me adoran sin temor de castigo ni esperanza de premio, los libero de la cadena de renacimientos.
Quienes se han librado del orgullo, la ignorancia y la ilusión —procedente del apego a las acciones—, y piensan constantemente en el verdadero Ser, superando sus desordenados deseos; quienes libres de la atracción de los pares de opuestos y de los efectos del placer y del dolor, no son presas del error y la ilusión, y ascienden a la eterna mansión en donde ni luna, ni fuego alumbran, y sin embargo brillan con inimaginable esplendor, se hallan en mi Morada suprema, de la cual ya no se vuelve».

9

La reencarnación en la historia de Occidente

Si bien hoy en día el cristiano ortodoxo cree que la idea de la reencarnación es impensable, en muchos sectores del mundo occidental su creencia está resurgiendo. No solo las tradiciones orientales han hecho o hacen referencia a la ley del karma y a la reencarnación, o al menos a la preexistencia de las almas (conceptos siempre unidos a la consideración del ser humano como chispa divina capaz de evolucionar hasta alcanzar la unión con Dios); también encontramos algunas de estas nociones en la tradición teológica-filosófica occidental, como expone el Dr. Vicente Merlo en su libro *La Reencarnación,* excelente estudio de este filósofo español donde se aborda el tema lúcidamente. El mismo autor nos explica que en Grecia no eran pocos los filósofos que se adherían a esta noción, como el caso famoso de Pitágoras (570 a.C.-490 a.C.), quien creía en la reencarnación o trasmigración de las almas y que incluso declaraba recordar varias de sus vidas anteriores.

Otro filósofo que desarrolló ideas similares fue Empédocles (492 a.C.-432 a.C.), con su doctrina de la evolución que incluía la teoría de la metempsícosis, y que creía que por una ley necesaria los seres expían sus delitos a través de una serie de reencarnaciones. Se le atribuye haber dicho: «*Yo he sido ya, anteriormente, muchacho y muchacha, arbusto, pájaro y pez habitante del mar*». Pensaba que solamente los hombres que logren purificarse podrán escapar por completo del círculo de los nacimientos y volver a morar entre los dioses.

Doctrina similar practicaba el fundador de la Academia, Platón (427 a.C.-347 a.C.), aventajado discípulo y seguidor de las enseñanzas de Sócrates, quien postulaba que el alma posee una realidad independiente del cuerpo y preexistente al mismo. El alma, para este pensador, existe en otras dimensiones en los períodos que transcurren entre una vida y otra y puede en su estado final vivir libre de su cuerpo físico. En el diálogo *Menón,* donde Platón anuncia su doctrina de la reminiscencia, encontramos a Sócrates hablando con Menón, para recordarle que el alma no solo es inmortal, no tiene principio ni fin, sino que ha vivido otras vidas anteriores, de ahí que haya contemplado ya todas las cosas tanto en la Tierra como en el Hades. También encontramos la idea de la reencarnación en otros dos textos platónicos que se han conservado y llegado hasta nosotros: el *Fedón o del alma* y el *Fedro o de la belleza,* explicándose allí que el alma preexiste a su encarnación en un cuerpo, que es increada e inmortal, y entre dos vidas terrestres se ubica desencarnada en planos o dimensiones más sutiles de la realidad. Sobrarían los ejemplos de la presencia de la doctrina de la reencarnación en ese despertar intelectual que fue la Grecia antigua, lo cierto es que de esta enumeración, se desprende el esfuerzo de ciertos pensadores de la época de hacerla racional, de justificarla y utilizarla como explicación del alma y el mundo. Podemos entonces decir que la reencarnación no es una creencia exclusiva de las religiones orientales y extrañas a nosotros, sino que está en nuestro acervo cultural, entonces mejor que negarla es explorarla: la reencarnación sigue su rumbo ya no tan secreto en nuestro espíritu.

También en la cultura celta, con amplia influencia en la nuestra (de los celtas nos vienen las hadas, los magos, los bosques encantados, la relación del muérdago con la Navidad, las princesas cautivas en una torre, el dragón guardián de un tesoro, la leyenda del Santo Grial...), se creyó en la reencarnación. El poeta y druida celta Amergin, canta: «*Fui ave, arbusto y pez mudo*». Y a su vez, esta creencia de que un hombre y una mujer fueron animales o plantas, o estrellas, antes de encarnar en cuerpo humano, se funda sobre la creencia mística de que el ser humano, por su unión con el Creador del Universo, es de algún modo ya todo lo que existe, independientemente de la forma que adopte en cada encarnación. Por eso Amergin canta de este modo:

«Yo soy el viento que sopla sobre las aguas.
Yo soy la ola del océano.
Yo soy el murmullo de las olas.
Yo soy el buey de los siete combates.
Yo soy el buitre en la montaña.
Yo soy una lágrima del sol.
Yo soy la más hermosa de las plantas.
Yo soy un valiente jabalí salvaje.
Yo soy un salmón en el agua.
Yo soy un lago de la llanura.
Yo soy la palabra certera.
Yo soy la lanza que hiere en la batalla.
Yo soy el dios que crea o forma en la cabeza del hombre el fuego del
pensamiento».

Luego Merlo menciona a los gnósticos, aquellas comunidades cristianas de los primeros siglos de nuestra era, inspirados en la filosofía clásica y las religiones orientales. Algunos de ellos ocupaban cargos en la Iglesia, y les pertenecen los manuscritos descubiertos en 1945 en Nag Hammadi (el texto apócrifo de Juan, el Evangelio según Tomás y el Apocalipsis de Santiago). Decían ser conocedores de las enseñanzas secretas de Jesús. Postulaban que el conocimiento lleva a la salvación, y que el espíritu del hombre es una chispa de luz que habitaba en el mundo celestial y a él debe volver en un camino de ascensión interior hacia la perfección espiritual, logrando la gnosis; mientras tanto continuará reencarnando. Este es un sendero personal de salvación, en el que no es necesario pertenecer a ninguna iglesia en particular, una relación de uno con Dios, mediante la gnosis (especie de conocimiento o conciencia unificadora con lo divino).

También tenemos, en nuestra riqueza cultural, al gran Orígenes (185-254), Padre de la Iglesia que creía en la preexistencia de las almas, y también en la reencarnación. Sabemos que desde mediados del siglo III hasta la mitad del sexto, sus ideas generaron grandes discusiones en el seno de la Iglesia cristiana, hasta que el emperador Justiniano (527-565) dio por finalizadas estas polémicas promulgando un edicto condenando los diez principios del origenismo, entre ellos la preexistencia del alma: «*Si alguien afirma la fabulosa preexistencia de las almas y la monstruosa restauración (apokatástasis), que sea anatemizado*». La palabra restauración se refiere al regreso del alma a la unión con Dios. Un concilio local de Constantinopla ratificó el edicto. Con la condena a Orígenes se estigmatizó como herejía la preexistencia del alma, y con ello, indirectamente, todo lo asociado con la reencarnación (y tal vez por eso, muchos cristianos han quedado con la idea de que les está prohibido creer en ella). En el Concilio de Lyon de 1274, se estableció que, tras la muerte, el alma va directamente al cielo o al infierno hasta el día del Juicio Final, y el Concilio de Florencia, en 1439, insiste en tal inmediatez, eliminando así la posibilidad de la reencarnación. ¿Qué le sucede al individuo entre la muerte y el Último Día? Esto no ha dejado de plantear interrogantes a la teología, que no ha encontrado todavía una respuesta satisfactoria.

Cristianismo y reencarnación

En su libro *Construir al enemigo*, el reconocido escritor italiano Umberto Eco, reflexiona acerca de estos asuntos que venimos tratando en un capítulo sugestivamente llamado «Los embriones fuera del paraíso»:

> *Para la Biblia, primero Dios crea el cuerpo, y luego le insufla el alma, y esta doctrina, que se ha convertido en la doctrina oficial de la Iglesia, se llama creacionismo. Ahora bien, esta posición planteaba problemas en lo que atañe a la transmisión del pecado original. Si el alma no es transmitida por los padres, ¿por qué los niños no están libres del pecado original, a tal punto, que deben ser bautizados? Por eso Tertuliano sostuvo que el alma del padre se «traduce» de padre en hijo a través del semen. Claro que el traducionismo se consideró inmediatamente herético, al presumir un origen material del alma.*
>
> *Otro que estuvo en apuros fue San Agustín, que tenía que vérselas con los pelagianos, quienes negaban la transmisión del pecado original. Por lo tanto, Agustín, por un lado, sostiene la doctrina creacionista (contra el traducionismo corporal) y, por el otro admite una especie de traducionismo espiritual.*
>
> *Santo Tomás de Aquino será decididamente creacionista, y resolverá la cuestión de la culpa original de forma muy elegante. El pecado original se*

traduce con el semen como una infección natural, pero esto no tiene nada que ver con la traducción del alma racional.

Por lo tanto, Tomás tiene una visión muy biológica de la formación del feto: Dios introduce el alma solo cuando el feto adquiere, gradualmente, primero alma vegetativa y luego alma sensitiva. Solo en ese momento, en un cuerpo ya formado, se crea el alma racional.

Ahora bien, las elucubraciones de estos teólogos no lograron llenar los vacíos dejados por múltiples interrogantes, sobre todo los relacionados con la cuestión del mal en este mundo. Nosotros consideramos que la *reencarnación*, llamada por Elizabeth Clare Prophet *El eslabón perdido de la Cristiandad*, podría ser una alternativa válida para dar respuesta a estos asuntos filosóficos y teológicos que aquí tratamos.

Quienes sí adscribían la reencarnación en el contexto cristiano fueron los cátaros, que surgieron durante el siglo XII en el sur de Francia, en Languedoc. Enseñaban la reencarnación y la unión con Dios dentro de las creencias cristianas. Se llamaban a sí mismos *los buenos cristianos*. Vivían austeramente, contrastando en su modo de vida con la Iglesia de Roma, que vivía como la nobleza, y además, diferenciándose en algo fundamental: otorgaron a las mujeres un papel destacado. Convivían pacíficamente con los católicos, y se extendieron por toda Europa. Pero eran momentos de la Sagrada Inquisición, que logró convertir la fe cátara en una herejía, y en 1244 cayó Montsegur, su último refugio. En sus laderas ardió una pira humana con los cátaros, que se entregaron pacíficamente al martirio.

La reencarnación era para ellos una certeza. El cátaro Pierre Authié, quemado en la hoguera de la Inquisición en 1310, escribió: «*El alma de un hombre, después de salir de su cuerpo, entró en el cuerpo de un caballo, y durante un tiempo fue el caballo de cierto señor. Una noche, mientras este señor perseguía a sus enemigos montado sobre este caballo por piedras y rocas, el animal metió el pie entre dos pedruscos. Al retirarlo con suma dificultad dejó allí la herradura que llevaba. Por último, cuando este caballo murió, su alma entró en un cuerpo humano, y este hombre fue un buen cristiano, es decir, un hereje. Un día, cuando pasaba con otro hereje por el lugar donde había perdido la herradura cuando era caballo, le dijo a su compañero que cuando era caballo, había perdido una noche su herradura en aquel sitio. Los dos herejes buscaron entre las piedras y encontraron la herradura».*

Por su parte, Elizabeth Prophet nos cuenta en su libro, del cual Brian Weiss dijo «*un libro que aporta profundas verdades y revelaciones, un libro que abre las mentes y extingue los miedos*», que en 1600, Giordano Bruno, monje dominico y filósofo, fue quemado en la hoguera por algo más que sus polémicas ideas científicas que destronaban al hombre como centro del Universo, yendo más allá todavía que Copérnico, al hablar de la *pluralidad de los mundos*. Si hay otros mundos, el pecado de Adán y la pasión de Cristo, o pertenecen solo a la Tierra como un hecho aislado, o deberían haberse repetido infinitas veces. Si este concepto era al menos desafiante para la Iglesia, aún más peligroso fue que negara el hecho de *que las almas se crean a partir de la nada*, ya que sería aceptar la creencia de *que el alma no tiene principio ni nació del pecado,* y que por lo tanto nuestra naturaleza es divina y eterna. La preexistencia de las almas conlleva la posibilidad de la reencarnación, y su origen divino las independiza del poder dominante de la Iglesia para su redención, lo que, imaginen, no era poca cosa para la época.

En tiempos menos violentos, sí se puede pensar así, ya que el pensar diferente está menos castigado —al menos en algunos lugares— y cuando la propia Iglesia se halla enmarcada en una renovación de su espíritu hacia la pluralidad, guiada por la figura carismática del primer Papa latinoamericano, nuestro Francisco, podemos replantearnos cada vez con mayor confianza y seguridad nuestro rumbo, nuestro propio destino, la pregunta acerca de dónde venimos y hacia dónde vamos, y fundamentalmente cómo hacemos ese viaje o experiencia desde el alma, o si es que hay algún tipo de viaje. Francisco nos trajo una mirada más libre, abierta, sincera y plural (como la de los tiempos que corren), trajo aire fresco y renovado a la fe cristiana y una profunda lección de sabiduría y humildad. Podemos, entonces, tener nuevas esperanzas y releer algunos textos sagrados de la tradición para descubrir en ellos otros significados, como el caso de Juan, 9:1-3, en el que le preguntan a Jesús: «*Maestro, ¿quién pecó para que este hombre naciera ciego, él o sus padres?*», a lo que Jesús responde: «*Ni él ni sus padres pecaron, sino que su ceguera posee su razón de ser en el hecho de que a través de él se manifiesten las obras del Señor*». Tras ello —nos sigue diciendo Juan— el ciego de nacimiento fue curado.

Bien, algunos intérpretes sostienen que en este texto del Nuevo Testamento, Jesús niega cualquier clase de reencarnación (reconociendo asimismo que esa creencia existía entre sus seguidores), o que dice que en este caso en particular, no era *ni lo uno ni lo otro*, o sea: que su enfermedad no era ni por actos del pasado, ni por culpa de sus padres, sino producto de una tercera opción. Jesús dice, en el texto de Juan, que la enfermedad no fue un castigo (o consecuencia de los actos del pasado de uno o de otros), sino que tenía una finalidad superior: que él pudiera hacer el milagro. Este misterio de la fe coincide con mi experiencia en regresiones, donde he sido testigo de varios casos donde las almas, antes de encarnar, eligen voluntariamente venir con alguna enfermedad o discapacidad, o vivir algo muy doloroso con un propósito específico para beneficiar a su entorno. Son almas muy fuertes y evolucionadas que vienen a traer alguna enseñanza o a permitir que la humanidad aprenda algo importante a través de su sacrificio. Tal podría ser el caso del que nació ciego para ser curado por Jesús y poder demostrar así el poder de

Dios, para reforzar el mensaje de Jesús, cuya esencia era, sin duda, la caridad y el amor al prójimo, valores desconocidos en Occidente en ese entonces, y más alineados con la filosofía oriental.

El libro de Arcángelo Cerezzo Frex titulado *La reencarnación en el mensaje de Cristo* que ha sido elogiado por importantes escritores y teólogos cristianos tales como Juan José Tamayo Acosta, Andrés Torres Queiruga y el padre Ignacio Larrañaga, así como por Vicente Merlo, afirma que Jesús vivió y estudió en la India de los 12 a los 30 años «*con el objeto de corresponder a la visita de los reyes magos* —sabios— *que venían de Oriente*», a través de los cuales, estuvo vinculado con los *rishis*, cuyas enseñanzas espirituales incluyen la reencarnación. Para afirmar su teoría, cita el descubrimiento por parte del viajero ruso Nicolás Notovitch, de unos documentos en el monasterio de Himis del Tíbet. Publicó sus notas en 1894, bajo el título *The Unknown Life of Jesus Christ* (*La vida desconocida de Jesucristo*). Recordemos que a los 12 años de edad, Jesús ya estaba enseñando en el Templo (escapando de la vigilancia de su madre). Me resulta difícil creer que un espíritu tan sabio y libre, pasara su juventud en intrascendentes tareas domésticas y no preparándose para transmitir el mensaje de Dios a la humanidad. Algunos pueden pensar que la India quedaba demasiado lejos, pero como bien afirma Cerezzo Frex, los viajes entre la India y la antigua Palestina eran habituales en esa época, según dicen los historiadores, y avala la tradición cristiana, al reconocer que el apóstol Santo Tomás fue a misionar a la India. Y además, «*desde un criterio de fe, no había impedimento geográfico para un ser como Jesús, pues si sus discípulos tenían el don de la bilocación o ubicuidad (poder de manifestarse en otro lugar), con absoluta razón él lo poseía: "Cuando salieron del agua, el espíritu del Señor arrebató a Felipe; el otro no lo vio más y siguió su camino muy alegre. Felipe se encontró en Azoto y fue a evangelizar a todas las ciudades hasta llegar a Cesárea" (hechos, 8:39-40)*», dice acertadamente Arcangelo Cerezzo Frex. Y nos recuerda que, en cuanto al mensaje de Jesús, cuando finalmente predicó, dejó muchos indicios de que la reencarnación es real.

Tomemos el relato de cuando Jesús sana al paralítico, al cual le dice: «*Mira, ya estás sano; no peques más para que no te suceda algo peor*» (Juan, 5:14), evidenciando con esta expresión que nuestras acciones generan consecuencias. El problema surge cuando nos enteramos de que este hombre era paralítico hacía 40 años, entonces nos preguntamos: ¿qué cosa tan terrible pudo haber hecho en su niñez para merecer semejante pena? La única respuesta razonable es que Jesús estaba enseñando sobre la reencarnación y las leyes del karma, y que sus pecados habían sido cometidos en vidas anteriores y solo él era responsable de su enfermedad.

Otro aspecto significativo a tomar en cuenta es el hecho de que la gente de la época especulaba sobre la identidad real de Jesús: «*Unos decían: "Es Elías"; y otros decían: "Es un profeta o alguno de los profetas"*» (Marcos, 6:15). Incluso el mismo Cristo preguntaba a los apóstoles cómo las personas interpretaban su identidad: «*Y salieron Jesús y sus discípulos por las aldeas de Cesárea de Filipo. Y en el camino preguntó a sus discípulos: ¿Quién dicen los hombres que soy yo? Ellos respondieron: "Unos, que Juan el Bautista; otros, que Elías; y otros, alguno de los profetas"…*» (Marcos, 8:27-28). Con esto se muestra de manera inequívoca, una vez más, que el renacimiento de los profetas y, por ende, de las personas en general, era una posibilidad válida para muchos de los contemporáneos de Jesús, entre los que se encontraban grupos religiosos formalmente establecidos, como es reconocido por diversos estudios teológicos. Una prueba de ello es el hecho de que una comisión del Sanedrín acudiese a preguntarle a Juan el Bautista si era el Mesías o era Elías. Y por eso Arcángelo Cerezzo Frex dice que: «*Ya el historiador Flavio Josefo señaló explícitamente que tanto en los fariseos como en los esenios se presentaron creencias reencarnacionistas o directamente asociadas a ella. Así, en su obra* La guerra de los judíos, *escribe: Los fariseos son famosos por el vigor con el cual explican las leyes; dicen que toda alma es incorruptible y que solamente la de los buenos pasa de un cuerpo a otro».*

Seguramente estas citas, así como su interpretación en manos de los reencarnacionistas, son muy conocidas por la mayoría de los lectores, y algunos ya tendrán su opinión formada. Los que quieran rebatirla, dirán que es una interpretación tendenciosa. El mismo argumento podemos utilizarlo contra ellos, quienes vemos en muchos pasajes del Evangelio y en testimonios de la época, un mensaje claro de la presencia de la reencarnación en las raíces del pensamiento judeo-cristiano. El hecho de que relacionen a Jesús, Juan el Bautista y Elías entre sí no es casualidad, si recordamos que la finalidad de las reencarnaciones es la evolución, y Jesús era necesariamente un alma muy evolucionada, un avatar, cuyos pasos previos por la Tierra lo irían preparando para tan importante misión.

Y si Jesús nos pide: «*Sed perfectos como vuestro Padre que está en los cielos es perfecto*» (Mateo, 5:48)... ¿Cómo podría pretender que lo hiciéramos en una sola vida? Yo no creo lograrlo en los años que me restan... ¡No sé ustedes cómo andarán en el proceso, amigos lectores! Tal vez no haga falta ser perfectos para dejar de encarnar en el planeta Tierra..., esa es otra postura también muy respetable. Tal vez baste con llegar a cierto nivel de evolución.... ¡No todos tenemos vocación de avatar o Bodhisattva, para regresar aunque estemos iluminados con el fin de salvar a la humanidad!

10
Renacimiento

Cuando renacemos en un cuerpo físico, perdemos la conexión espiritual: olvidamos que somos almas en proceso de aprendizaje. Pero no todo está perdido: *La intuición* es la manera que tiene nuestra alma y nuestros Guías Espirituales (una especie de tutores que siempre nos acompañan y nos ayudan a que aprendamos la lección), de comunicarse con nosotros. Pero a veces estamos tan llenos de ruido, tan fascinados por la atracción de este mundo multicolor, que nos cuesta escuchar. Y es allí donde la lección se pone más difícil. A veces nos desviamos del camino y hay que volver: volver al camino en esta misma vida, si nos damos cuenta a tiempo; o volver en otra vida a completar lo que dejamos sin hacer, si nos dimos cuenta del error un poco tarde (después de la muerte).

¿Dónde vamos cuando el cuerpo físico muere?

A *casa*, nuestro verdadero hogar. Es otra dimensión, vivenciada por las almas como un lugar de luz clara, de gran paz y alegría, donde otras energías flotan alrededor nuestro y nos hacen sentir bienvenidos. Nos reciben Seres de Luz, nuestros Guías Espirituales, nos reencontramos con seres queridos y también comprendemos el sentido de lo vivido en la vida que acabamos de dejar. Allí descansamos, nos reponemos, evaluamos nuestras acciones de la experiencia de la que estamos llegando y preparamos nuestro próximo viaje.

Preparándonos para volver

En esta evaluación y preparación para la siguiente vida, normalmente las almas reportan ser ayudadas, aconsejadas por seres muy luminosos que muestran gran sabiduría y nos guían a elegir la mejor experiencia para seguir aprendiendo.

Elegimos dónde nacer, qué padres tener, el ambiente en donde creceremos, si necesitamos seguir trabajando en la relación con algún alma en particular para sanar o reparar algún daño que hayamos recibido o hecho en otra vida (recuerden que al final las cuentas siempre cierran), el país, la época, los amigos, hijos, parejas..., en fin, casi todo. Aunque a veces no podemos ser tan detallistas... «*justo la madre que elegí está con este hombre que, bueno..., no es el que hubiera preferido...*», o el país no es el ideal, o tal vez sí. O decimos: «*Uy, no quiero ese hermano que es justo la persona que maté en mi vida anterior*», o «*ese padre que me toca ahora es el que me torturó en la Edad Media*», o «*esa pareja es justo la que me sometió en la otra vida, o a la que yo violé, o a la que dejé por otro*». Los Maestros nos dicen que así tiene que ser, que es lo mejor para nuestro aprendizaje... Y a veces venimos con miedo, o sin ganas, o al contrario: muy entusiasmados con la nueva oportunidad de reparar y crecer.

Tal vez por encima de todo haya un orden perfecto que ni siquiera el alma alcance a entender en el nivel de desarrollo en el que se encuentra en el momento de hacer la elección de su siguiente vida. Es por eso que a veces venimos con desgana, no comprendemos del todo la necesidad de pasar por determinadas experiencias, o creemos que los padres no son los ideales, o incluso fueron nuestros enemigos y algo de rencor había quedado...; pero, bueno, tenemos que terminar de resolverlo. También sabemos que no vamos a estar nunca solos, nuestros Guías estarán allí para ayudarnos, pero la responsabilidad en definitiva siempre es nuestra.

Entrar en el vientre materno

Luego llega el momento de encarnar nuevamente, de entrar en la limitación de la materia. Momento duro. Terminan las vacaciones, llegó el lunes. ¡Ahora sabemos por qué lloran los recién nacidos! Démosle la mejor bienvenida a este nuevo hogar, a esta nueva oportunidad. Algunos se arrepienten en el camino y *vuelven a casa* antes de nacer. Son los bebés que mueren en el vientre. Pero todos regresan, no pueden hacerse los vagos por mucho tiempo.

El alma viene de una libertad total, volando como el viento, sin forma, sin cuerpo que alimentar, sin complejos, sin miedos ni dolores, sin tener siquiera que respirar. Encarnar es entrar en un cuerpo diminuto, dentro de una cavidad extraña, con un cordón que nos ata y alimenta al mismo tiempo, escuchando a veces ruidos que nos sobresaltan. Podemos sentirnos amados y bien recibidos, o ignorados o rechazados. Expectantes, ansiosos por el nuevo comienzo, pero sabiéndonos indefensos y completamente dependientes de otro por un largo tiempo.

El bebé percibe todo lo que le pasa a mamá

Durante la gestación, en el mejor de los casos, el bebé recibe de su ambiente y de su madre, mucho amor y contención. Se percibe bienvenido y conectado, por eso no se siente solo y está cómodo a pesar de la estrechez del cuerpo humano, está calentito, nadie lo molesta..., nada mal...; por eso después, muchos no tienen ganas de salir... El parto es como el transporte que nos lleva al trabajo, a la escuela... a lo que vinimos a experimentar; y en toda vida hay algo de sufrimiento.

También pueden sentir que mamá está nerviosa porque discutió con papá y se le puso dura la barriga ¡y eso es muy incómodo! O ella tiene miedo porque no sabe cómo va a mantener u ocuparse del nuevo integrante de la familia, o papá no está, los dejó solos y mamá está triste, o ella no quiere un bebé ahora y está enojada, o tiene miedo de perderlo porque cree que el bebé está mal..., o puede ser que ella tenga una enfermedad...

Y el bebé no entiende mucho lo que pasa..., muchas veces tiene ganas de decirle a mamá que no se preocupe, que está todo bien a veces se siente solito cuando mamá se desconecta de él por sus preocupaciones; se entristece si no lo espera con alegría... ¡y tiembla si no quiere que nazca!

Incluso el bebé, en esa etapa, está tan unido a su madre, que le cuesta distinguir entre él y ella. No puede percibir las emociones que registra con la madurez suficiente como para no preocuparse, o decir: «*bueno, este es un problema de ella, no mío... no me hago cargo*». O bien: «*ya se le pasará*».

Solo siente las emociones de mamá y reacciona a ellas, e incluso, a veces las confunde como propias: no distingue dónde termina mamá y dónde empieza él. Están los dos unidos por un cordón, y él está dentro de su cuerpo..., es muy extraño todo, le cuesta discriminar: mamá siente miedo, entonces él siente miedo, y luego nace con miedo y sin saber por qué, vive toda su vida con miedo. ¡Y descubre, en la regresión, que el miedo a estar solo que tenía no eran *sus miedos*, eran *los miedos de mamá que se le habían pegado cuando estaba en la barriga!*

> «*El niño intrauterino es sensible a matices emocionales excepcionalmente sutiles.*
> *Puede sentir y reaccionar no solo ante emociones amplias e indiferenciadas, como el amor y el odio, sino también ante complejos estados afectivos más matizados como la ambivalencia y la ambigüedad.*»
>
> Dr. Thomas Verny

Memoria de otras vidas

No es que los miedos de mamá se le hayan pegado y los viva como si fueran propios, sino que además, despertaron una memoria latente que venía arraigada en su alma de otra vida anterior cuando, por ejemplo, mataron a toda su familia en una guerra y se quedó solo.

O imaginen a un bebé que se enrosca en el cordón, traga líquido amniótico y siente que se ahoga..., y estas sensaciones reactivan el recuerdo de aquella otra vida cuando se ahogó en una inundación. Ambas experiencias se le mezclan, se suman como una bola de nieve, no distingue y nuevamente siente que está ahogándose en la inundación en el líquido y se está muriendo. Una memoria se asocia a otra y dispara nuevas y más fuertes emociones porque *está viviendo las dos experiencias al mismo tiempo*. Por eso es tan fuerte la impresión que queda. Cuando este pequeño tiene tres años y bañándose en el mar una ola lo revuelca..., entra en pánico nuevamente, y a partir de ahí, no puede aprender a nadar por el miedo que le tiene al agua. ¡Y todo por el revolcón de una ola! Inexplicable para los médicos y los padres. Claro, ¡ellos no saben de la inundación de la vida anterior, ni del líquido que tragó en la barriga! No saben que el revolcón solo fue el disparador de todas esas memorias que, si no, tal vez, habrían quedado *dormidas* unos años, o algunas vidas más. Cuanto más inexplicable es un síntoma, más necesaria es la regresión.

Nacimiento

Es uno de los momentos más importantes y difíciles de nuestra encarnación. La manera en que nacemos puede generar un patrón de comportamiento que luego repetiremos inconscientemente al resolver otras situaciones en la vida. Es un patrón de supervivencia: «*Si así pude sobrevivir al parto, así resolveré mis asuntos de ahora en adelante*», concluye el bebé. Después debemos revisar esta estrategia para ver si es la adecuada, elegirla conscientemente, ya que a veces puede ser peligroso *arrojarse de cabeza* en todos los proyectos o *enroscarse y atascarse* cada vez que queremos emprender algo.

El parto, en sí, aunque sea sin complicaciones, normalmente es una situación difícil para el bebé porque hay que dejar un lugar conocido para ir a un mundo nuevo separado de mamá, salir por un lugar muy pequeño empujado por las contracciones, en el parto natural, o sentir que irrumpen abruptamente para ser extraído por manos extrañas, en la cesárea.

En ese momento todavía estamos muy conectados con el mundo espiritual, recordamos las vidas anteriores y la misión de nuestra alma, y podemos querer nacer, o no..., según si vinimos con entusiasmo o con desgana.

Es muy importante tener en cuenta lo que el bebé percibe en la sala de partos: comentarios de médicos, enfermeras, de los padres. Ya que todavía no tiene posibilidad de discriminar si lo que escucha es cierto o no, y le puede afectar más adelante en su vida generando mandatos: «*pobre, tan flacucho y feo*», «*habría preferido varón*», «*¡qué hermaosa niña, tan gordita!*».

O no se siente valorado porque mamá está muy grave y acapara toda la atención de los médicos y de papá; o está anestesiada o dormida y por ello distante y el bebé se siente solo... Y ni qué hablar de todas las maniobras médicas, los fórceps, sondas, pinchazos... «*¡qué susto, qué dolor, no entiendo nada!*», y además, quizás, despierten el recuerdo de una tortura de la Edad Media.

¿Y qué podemos hacer como padres o profesionales de la salud? Darle el mejor recibimiento, el más cálido y amoroso que podamos.

Pero de todos modos, recordemos que el bebé es un cuerpo nuevo pero un alma que ya viene con un camino hecho, un plan de vida y experiencias que atravesar para su aprendizaje. Atraemos a nuestra vida las situaciones que necesitamos para crecer. Las que ya planeamos, las que no soltamos y tenemos que superar. Aunque eso no quita que está en manos de los padres facilitarle ese proceso al bebé.

«Proporcionar al recién nacido un entorno cálido, tranquilizador y humano plantea una diferencia, porque el niño es muy consciente de cómo nace. Percibe ternura, delicadeza y un trato cuidadoso, y responde a ellos, del mismo modo que siente y responde de una manera totalmente distinta a las potentes luces, las señales eléctricas y la atmósfera fría e impersonal que tan a menudo se asocian con el nacimiento en la sala de partos de un hospital.»

Dr. Thomas Verny

Todo tiene solución

En la Regresión es posible revivir el momento previo a nacer, la vida intrauterina y nuestro nacimiento, para liberar las emociones que nos estén haciendo sufrir todavía hoy. Incluso podemos recordar por qué estamos aquí, a qué vinimos. Si nos entusiasmaba la idea o *bajamos* con desgana; si lo elegimos o nos obligaron y, por ello, seguimos enojados rebelándonos todos los días contra *la vida* y entorpeciendo nosotros mismos el proceso de aprendizaje, sufriendo más de lo necesario. Quien sin duda tuvo una experiencia traumática a la hora de su nacimiento fue el famoso poeta César Vallejo, que escribió en un poema: «*Yo nací un día que Dios estaba enfermo*». Si hubiera hecho una regresión, habría podido descubrir que no era Dios quien estaba enfermo, sino, tal vez, él o su madre, o alguien de su entorno más cercano. En suma, la experiencia traumática que lo marcó para toda su vida en los primeros instantes de su venida a este mundo.

No quiero venir...

Le pido a Juana que se recueste con los ojos cerrados, la guío en una relajación y le digo que vaya al momento previo a su nacimiento en esta vida.

«—*¿Qué estás experimentando? ¿Qué es lo primero que te aparece?*

—Estoy como volando entre las nubes, siento que soy como una nube sin cuerpo, etéreo, no tengo cuerpo. Se me apareció una luz muy potente como que me estaba llamando y que me tocaba a mí. Es que no quiero, me dice: "te tocó a ti". Y yo no quiero.

—*¿Quién te lo dice?*

—Como una Virgen, como una madre con un manto en la cabeza con mucha luz y me dice que tengo que ir yo. Me dice que me toca a mí, que tengo que ir.

—Ve al momento cuando preparas tu anteproyecto de vida antes de venir a esta encarnación... Uno... dos... tres...: ¿qué estás experimentando? ¿Dónde estás?

—En una biblioteca, con un guía o algo así que sabe más y le voy a preguntar lo que tengo que hacer, como que yo no tengo ningún plan. Le pido que me ayude a hacer uno. Saca un libro, lo abre y me muestra una hoja, yo leo lo que ellos me sugieren.

—¿Qué experimentas cuando lo lees?

—Que no quiero venir.

—¿A qué se debe que no quieras venir?

—Porque voy a sufrir y no quiero otra vez más, no quiero y me sigo haciendo la tonta.

—¿Qué haces?

—Cierro el libro y me voy. Pero no estoy bien, porque sé que tengo que venir, porque tengo que vivir cosas feas y no me gusta.

—¿A qué se debe que tengas que vivir cosas feas? ¿Hay algo que dejaste pendiente de vidas anteriores? ¿Qué tienes que aprender?

—Tengo que reparar lo que hice en otras vidas.

—¿Qué cosa tienes que reparar en esta vida? ¿Lo puedes leer en ese libro?

—Sí... Los celos, la posesión, que la gente no es mía. Que tengo que soltarlos, dejarlos... Primero no me tengo que quitar la vida porque ante el primer inconveniente me mato. Entonces tengo que venir a limpiar karma, a solucionar las cosas de otra forma.

—¿Tienes que arreglarlo con algunas personas en especial?

—Sí. Primero con mi hija porque yo la maté en otra vida.

—¿Y cómo lo tienes que reparar?

—Tratando de estar más con ella, guiarla, ayudarla.

—Cuando cuente hasta tres vas a ir al momento de bajar a la Tierra... uno... dos... tres, ¿qué estás experimentando?

—Está todo negro, todo oscuro, debo estar dentro de la barriga.

—¿Qué sientes? ¿Cómo está tu cuerpo ahí? ¿Cómo te sientes?
—Aprisionada y muy pequeña.
—¿Puedes sentir los pensamientos de tu madre? ¿Sensaciones? ¿Emociones?
—Está contenta, tiene ganas de tenerme, está muy enamorada de mi padre. Se le murió otro bebé, si no me tiene, se va a volver a sentir mal.
—¿Qué más sientes?
—Que tengo que nacer. Siento como si estuviera dentro de una cápsula. No sé... como algo redondo y no me puedo mover, estoy toda rígida.
—¿Cuánto tiempo tienes?
—No sé, ocho meses. Ya no aguanto más, me quiero ir. No tengo sitio para moverme y viene gente y la vienen a visitar y le preguntan por el bebé, están todos esperando, mi padre también. La llevan a la sala de partos y papá está afuera y espera que nazca.
—Cuando cuente hasta tres vas a ir al comienzo del nacimiento, cuando empiezan las contracciones... Uno... dos... tres...
—Mi madre está pujando. Otra vez me tengo que dar vuelta. Estoy por nacer. Me enrosco con el cordón.
—¿A qué se debe que te enrosques?
—No quiero nacer. Me estoy ahorcando. Y pongo las piernas para no salir. Y sale el culo pero me estoy ahorcando y no puedo respirar —grita—. Me engancho no puedo salir... ¡Me ahogo! No puedo respirar. Estoy saliendo, estoy saliendo... me coge el médico. No quiero que me cojan. No puedo respirar... Estoy cada vez más colorada, muy atada —se retuerce—, hago fuerza y me voy para adentro, lucho con el médico... Él me tira de las piernas y yo voy hacia arriba. Pero él me gana, tiene más fuerza que yo y me saca. Me coge de las piernas y me pega para que llore pero no lloro, estaba muy asfixiada. "¡No me vas a ganar!" —al médico—. Me coge y me lleva al agua, me sube y me baja, me sostiene por las piernas... ¡Me sube y me baja como si me estuviera ahogando! ¡Es un hijo de puta! ¡Déjame en paz, estúpido! Y la verdad me canso, empie-

zo a gritar..., a llorar a gritos..., grito, lloro. ¡Ganó el médico, me revivió!

—Esto de: "ganó el médico"... ¿de qué manera afecta a tu vida ahora como adulta, qué te hace hacer?

—Que siempre tengo que hacer lo que me piden los demás, siempre ganan.

—¿Y qué te impide hacer?

—Lo que yo quiero».

Después de hacerle revivir nuevamente el nacimiento para que libere todas las emociones, le digo:

«—Ahora te voy a cortar el cordón umbilical, y al cortar el cordón vas a sentir que naces a una nueva vida, una nueva oportunidad... Respira por primera vez en tu cuerpo como Juana, como un ser libre e independiente, desprendiéndote definitivamente de todas esas experiencias. Te voy a sacar el cordón enroscado... Sientes el aire fresco en tus pulmones, una nueva oportunidad, una nueva vida...

—A mí se me llevaron y no me pusieron con mi madre. Me dejaron dentro de una máquina. Me metieron en una máquina todo un día; yo no la pude ver, no me tuvo.

—Entonces ahora vas a revivir la experiencia pero como te habría gustado, como elegirías ahora nacer. Vas a sentir a tu madre, cómo te abraza... Sientes el calor de tu madre. ¿Puedes sentir a tu madre y a tu padre?

—Sí... ahora sí...

—Elige un color para envolverte...».

Juana había tenido varios intentos de suicidio, seguía enojada por tener que estar aquí. Después de hacer esta regresión y algunas más, fue saliendo de su *depresión* y encontrando el sentido de su vida. Pudo entender que su nacimiento tenía un propósito, y que es más provechoso alinearse al deseo de evolución de su alma que seguir protestando y deseando no haber venido.

Adopciones

Si bien decía al comienzo de este libro que las regresiones no aportan una prueba contundente de los hechos que hemos vivido en ellas, se le acerca mucho. Es por eso que si podemos hacer una regresión a nuestro nacimiento en esta vida, se imaginarán muy acertadamente que es una herramienta interesante para descubrir quién fue nuestra madre biológica, en el caso de que seamos adoptados, y aunque lo sepamos, nos da la oportunidad de darnos cuenta a qué se debe que fuimos dados en adopción, revivir ese momento, y así sanar la angustia de la separación y el dolor de haber sido abandonados, que más allá del amor brindado por nuestros padres adoptivos, es algo que queda impreso en el alma. En mi experiencia en estas situaciones, siempre se logra la sanación, incluso, y esto es lo maravilloso del trabajo a nivel del alma, en los casos en que la persona no tenía la certeza, y a veces ni la sospecha, de que era adoptada, y lo descubre en la regresión. Para tranquilidad de los padres adoptivos, les cuento que el reencuentro con su madre biológica permite el perdón, de modo que se cumple el fin penúltimo de las regresiones: dejar el pasado atrás.

Abortos

El tema del aborto es una cuestión muy sensible para todos, estemos a favor o en contra, lleva a una discusión interminable. ¿Por qué es tan controvertido si se trata de cegar la vida de un infante, cuando todas las legislaciones penan el asesinato? Justamente por eso, porque en lo que no podemos ponernos de acuerdo, es en qué momento de la gestación estamos ante un *ser humano*, al margen de la discusión acerca del derecho de la mujer sobre su cuerpo.

¿Y cuándo hablamos de ser humano? Generalmente las sociedades se basan en la postura religiosa de la unión del alma con el cuerpo. Entonces la pregunta es: ¿cuándo entra el alma en el cuerpo? Y allí, amigos, es donde no encontramos criterios unificados.

Para algunas religiones orientales, el alma entra al cuerpo al tercer o cuarto mes de embarazo, para los cristianos, en el momento de la concepción. Pero ¿quién puede estar seguro? A esta altura no se sorprenderán si les cuento que en las regresiones en las que vivenciamos la vida intrauterina, podemos darnos cuenta de cuándo cada uno entra, o tener una idea aproximada. Me atrevería a afirmar, que no hay una regla igual para todos. Pero sabemos que el proceso de la unión del alma con su vehículo físico (el cuerpo), es progresiva; muchas veces puede estar parte dentro y parte fuera del cuerpo mientras va encarnando, y mantenerse muy en contacto con su origen (el mundo espiritual, sus Guías y Maestros, y además, comprender lo que está sucediendo a su alrededor). Es por esto que ante un embarazo no deseado, es mejor intentar conectarse con el bebé, que si ya su alma está allí, podrá escucharnos, y entender en una *conexión de alma a alma*, lo que tengamos que decirle. Podemos hacerle entender que lo amamos, pero que este no es el momento apropiado para nacer de esta madre, por tales y tales razones..., que si quiere nacer ahora, puede elegir otra, o esperar hasta más adelante, cuando estemos listas para ser madres. El bebé puede *retirar su energía* del cuerpecito, regresar a la Luz, y volver a elegir otro destino, si es que sus Maestros se lo permiten, o si se dan las condiciones. Está de más decir que no es algo matemático, pero vale la pena intentarlo. Muchas veces, el bebé, por alguna razón que puede tener que ver con su madre o con él mismo, decide por sí solo retirarse en medio del embarazo.

Gemelos o mellizos

Mucha gente tiene una especie de sensación indefinida de incompletitud, que no tiene que ver con no haber encontrado su misión en la vida, añorar la unión en el vientre materno o la fusión con la divinidad, sino simplemente con… ¡extrañar a su hermanito con quien compartió un tiempo dentro de la barriga de su madre! Son los casos en que el médico le dice a la madre que había dos, pero uno se *reabsorbió*, o murió antes de nacer. El tema es que jugaban juntos y de golpe, uno de ellos, por la razón que sea, *dio media vuelta y se fue para arriba*, de regreso a la Luz de la que había venido. En la regresión se trabaja la despedida entre ambos, logrando así el paciente sanar esa extraña sensación de incompletitud.

Experiencia en el vientre materno en una vida anterior…

Paz tiene un sueño recurrente con una violación…, por eso quiere hacer una regresión para ver de dónde viene eso. La invito a recostarse cómodamente, cerrar los ojos y a regresar a ese sueño, que actúa como una entrada a la regresión, ya que lo supongo un fragmento de una vida pasada.
 «—*Ajjjj…* —se ahoga.
 —*¿Qué sientes?… ¿Qué estás experimentando? Deja salir todo eso… Eso es… Sigue…* —se sigue ahogando, por eso permito que atraviese la experiencia—. *Eso es, sigue… sigue… sigue… Y si supieras, ¿qué te está pasando?*
 —Es como si alguien me hubiera ahorcado, se me cortó la respiración.
 —*Cuando cuente hasta tres, vas a ir al principio de esa experiencia… Uno… dos… tres… estás ahí, ¿qué estás experimentando?*
 —*Estoy flotando.*
 —*Entonces vas a ir a antes de flotar, vas a ir a momentos antes de que*

te ahorquen, a instantes antes de que te ahorquen... Uno... dos... tres... estás ahí, ¿qué estás experimentando?

—Me están ahorcando.

—¿Y si supieras quién te está ahorcando?

—Mi madre.

—¿Qué edad tienes?

—Soy bebé.

—Cuando cuente hasta tres vas a ir más atrás, al comienzo de toda esa experiencia, antes de que tu madre te empiece a ahorcar y todo te va a ser perfectamente claro... Uno... retrocediendo lentamente al comienzo de toda esa experiencia... Dos... continúa retrocediendo más y más, ya casi estás ahí... Tres... estás ahí, ¿qué estás experimentando?

—Ajjjj... —se ahoga.

—Eso es, deja salir todo eso.

—No sé, es como si estuviera ahí tirada en algún sitio.

—¿Sigues siendo bebé?

—Sí. Tiemblo, creo que tengo mucho frío.

—Cuando cuente hasta tres vas a ir más atrás todavía, a instantes antes de nacer en esa vida... Uno... dos... tres... Estás ahí, ¿qué estás experimentando?

—...

—¿Dónde estás?

—En la barriga.

—¿Qué puedes percibir desde ahí? ¿puedes percibir a tu madre?

—Percibo una energía oscura, como que no... Estoy ahí pero ella no quiere que yo esté ahí, y me quiere sacar, quiere que salga.

—¿Cuánto tiempo tienes?

—Creo que soy muy pequeña.

—¿Y si supieras a qué se debe que tu mamá no te quiere?

—Mi padre la violó.

—Cuando cuente hasta tres vas a ir a momentos antes de entrar en el *cuerpo de tu madre... Uno... dos... tres... Estás ahí, ¿qué estás experimentando?*

—Los veo desde arriba.

—¿Y qué observas?

—Veo a un señor que la está golpeando y la está maltratando.

—¿Qué sientes cuando ves eso?

—Siento asco, y siento pena por la mujer.

—Eso es, continúa...

—La golpea, la golpea, la maltrata, la tira al... Están en el suelo, la maltrata, le tira de los pelos, y ella cae inconsciente.

—¿Y qué relación hay entre ellos?

—Ninguna.

—Eso es... Continúa... ¿Tú ya la habías elegido como madre?

—No. Tengo que ir ahí.

—¿Y a qué se debe que tienes que ir ahí?

—No sé.

—Eso es, continúa avanzando... continúa... un poco más... ¿qué estás experimentando?

—La veo a ella ahí tirada y sola, empieza a tomar conciencia de lo que le pasó y se angustia...

—continúa...

—Ya no veo más nada.

—¿Qué sientes cuando ves a tu madre así?

—Que la quiero cuidar.

—¿La conocías de otra vida?

—No sé.

—¿Qué hacés para cuidarla?

—Voy. Voy con ella.

—Cuando cuente hasta tres vas a ir al momento en que entras en la barriga de tu madre... Uno... dos... tres... Estás ahí, ¿qué estás experimentando?

—Estoy ahí, ella está inconsciente.
—¿Y tú dónde estás?
—Adentro.
—¿Qué sientes?
—Me siento bien, pero siento como un vacío muy grande.
—¿A qué se debe ese vacío que sientes?
—A que ella está inconsciente.
—Eso es... Continúa avanzando un poco más... ¿qué estás experimentando?
—Náuseas. Mi madre vomita mucho.
—Esas náuseas ¿son tuyas o de tu madre?
—De mi madre. Ya sabe que estoy ahí, y no me quiere, es como si me quisiera expulsar con cada vómito.
—¿Qué sientes con cada vómito de tu madre?
—Que me quiere matar.
—¿Y eso qué te hace sentir?
—Me siento desprotegida, vulnerable, y siento como si me fuera a disolver con las contracciones de su estómago, que me aprieta.
—Y de toda esta experiencia en la barriga de tu madre, ¿cuál es el momento más terrible?
—Que ella no me quiere ahí.
—Y cuando ella no te quiere ahí, ¿cuáles son tus reacciones físicas?
—Intento protegerme de alguna manera, haciéndome más pequeña.
—Y cuando intentas protegerte... ¿cuáles son tus reacciones emocionales?
—Me siento vulnerable y desprotegida. Y abandonada.
—Y cuando te sientes vulnerable y desprotegida y abandonada, ¿cuáles son tus reacciones mentales?
—Como si quisiera vengarme y abandonar. Veo una luz blanca. Creo que me ahorqué con el cordón porque ya no estoy más ahí. Decidí liberarla, y desaparecer. Y decidí enroscarme.

—Cuando cuente hasta tres vas a ir al comienzo de esa experiencia y vas a sentirlo profundamente... Uno... dos... tres... estás ahí, ¿qué estás experimentando?
—Ajjjj... —se ahoga.
—Siente eso... Sientes cómo te ahorcas... Continúa, eso es, continúa... ¿qué le va pasando a tu garganta?
—Se cierra. Ya está. Me morí.
—¿Y tú dónde estás?
—Adentro.
—¿Adentro del cuerpo?
—Y de la barriga.
—¿A qué se debe que continúes ahí adentro?
—Que yo la quería cuidar y no me quiero ir.
—Bien, pero ya te moriste, no puedes cuidarla desde ese lugar. Ahora que tu cuerpo se murió, tienes que dejarlo, tienes que sacar tu energía de ahí, irte a la Luz. ¿Puedes hacerlo? ¿Necesitarías hacer algo antes de partir? ¿Tal vez comunicarte con tu madre?
—Le quiero decir que no quería hacerle mal. Te pido perdón porque yo pensé que te podía cuidar y tú no me querías ahí. Y que me voy para que puedas estar tranquila.
—¿Qué te dice ella?
—Que es mejor así. Porque no me podía querer.
—Y ahora le vas a pedir perdón a la Luz por haberte quitado la vida.
—Pido perdón por haber decidido no vivir más.
—¿Puedes percibir qué te contesta la Luz?
—Que ya está todo bien... Me recibe... Me voy con la Luz hacia arriba...

Es muy impactante escuchar el relato de un embarazo visto desde el punto de vista del bebé, pero mucho más si ese embarazo fue fruto de una violación de la cual el mismo bebé fue testigo. Pero también es muy interesante darnos cuenta de cómo el bebé eligió venir a esa madre para cuidarla y luego se dio cuenta de que la madre no lo quería, que no podía quererlo. Y así él, a pesar del sufrimiento que esto le provocaba, decidió liberarla.

Mis queridos lectores, tal vez ustedes se preguntarán a qué se debe que los Maestros Espirituales permitieran a este bebé entrar en la barriga de una madre que no lo quería. Evidentemente desde el punto de vista del plan divino, el mejor desenlace de esta situación hubiera sido que el bebé naciera y con el tiempo esta madre superara su angustiosa situación y aprendiera lo que su alma necesitaba aprender a través de esa experiencia. Pero más allá de lo que tengamos planeado para una encarnación, muchas veces sucede que, debido a nuestras propias limitaciones, no podemos atravesar esa experiencia tal cual nuestra alma hubiera necesitado para su aprendizaje. Bueno, no es tan grave, ya que desde el punto de vista de la reencarnación, tendremos otras oportunidades para reparar lo que hayamos hecho mal, y aprender lo que necesitemos para nuestra evolución. Quiero que noten, también, cómo lo que más recordaba ese bebé, o sea, Paz en esta vida, no fue el intento de aborto o que su madre no la quisiera, sino haber observado esa violación. La violencia de la escena permanecía en su inconsciente, en su alma, y se manifestaba en sueños en su vida actual. Después de la regresión estas pesadillas ya no la atormentaron.

11
No todo se olvida

Dijimos que al nacer olvidamos de dónde venimos, es parte del *juego de encarnar*, para poder vivir en profundidad las experiencias que necesitamos para nuestro aprendizaje y crecimiento, que es la razón por la cual estamos aquí. Se dice que, cuando nacemos, pasamos por el *manto del olvido* de nuestra verdadera identidad; de nuestro origen. Así lo creían los griegos en la antigüedad (al morir se pasaba por el río del olvido o Leteo, para poder encarnar en otro cuerpo; de esa palabra griega *leteo* proviene el vocablo «*letargo*»). Eso va sucediendo paulatinamente a medida que encarnamos. Es un proceso que lleva unos siete años. El alma, o principio vital, va enraizándose poco a poco en el cuerpo físico. Cuando el bebé está en el vientre de la madre, puede incluso estar también afuera, o parte de su alma entrar y salir del cuerpo. Incluso, como ya dijimos, podemos decir que no se sabe con certeza en qué momento entra realmente el alma en el cuerpo, ya que en algunas regresiones han dicho que entraban ya avanzado el embarazo o incluso en el momento del nacimiento.

Amigos invisibles y vidas anteriores

Alrededor de los siete años de edad, termina de encarnar el alma en el cuerpo físico. Por lo tanto, hasta ese momento, estamos mucho más conectados con el mundo espiritual. El niño puede fácilmente relacionarse con sus *amigos invisibles*, o ver *monstruos en los roperos*... Generalmente se trata de seres de otras dimensiones, como las almas de personas ya muertas que pueden haberse elevado o no, ángeles, Guías Espirituales, duendes, o seres de otros planetas. Por eso no hay que desestimar sus comentarios o sus miedos. Es mejor creerles, hablar de ello si quieren, o enfrentarse al monstruo —si es el caso— junto con ellos: sentarse a su lado y ayudarlo a decirle: «¡*Vete y no molestes más!*». O ver el tema con un terapeuta de vidas pasadas con esta orientación en sanación chamánica, que está entrenado en el trabajo con *almas perdidas* y *extraterrestres*.

Pasan volando...

Una mujer que vino a verme para hacerse una regresión me cuenta que su hija de cinco años *ve fantasmas*:

«—*Mi hija más mayor ve fantasmas. "Aquí duerme mi amigo fantasma", me dice, mostrando la pared junto a su cama. Se pone furiosa cuando alguien dice que los fantasmas no existen, "¡Son mis amigos!", dice. Siempre habla de un niño que grita y está triste porque su madre le clavó un cuchillo en la cabeza, "¿No te da miedo?", le pregunto. "No, mamá, yo lo vi, tenía un cuchillo en la cabeza", me respondió. "Además como a él ya se le murió su mamá, ahora yo soy su mamá", agrega. "¿Y no te da miedo ver los fantasmas?". "No, mamá, pasan volando por aquí", me contesta. Y dice que escucha los pasos: "clik, clik, clik". Y no tiene miedo a la noche, se queda sola en su cama con su hermanita de dos años, hasta dormirse. No tiene pesadillas ni nada... En la escuela dicen que es "medio colgada", pero es porque le gusta jugar* sola *mucho tiempo* inventando *cosas»*.

La madre me comenta que le cree, porque de pequeña cuando murió su abuelo, ella escuchó los pasos y lo oyó sentándose en su sillón. Esto facilita el diálogo con su hija, para quien solo son *sus amigos, compañeros de juego*. Al ser tan pequeña, su alma está todavía muy conectada con la dimensión espiritual, y no distingue que *están muertos*, aunque sabe que son diferentes a las personas normales, por eso los llama *fantasmas* (recuerden que dice que necesita proteger al niño *cuya madre murió*). Si a un niño no le creen, inmediatamente calla y oculta sus experiencias por sentirse incomprendido. Es algo muy habitual.

¿Qué se hace en estos casos?, preguntarán mis lectores... «*¡Si le pasa a mis hijos me muero de miedo!*», los escucho decir. No hay nada que temer. En realidad lo único que habría que hacer es ayudar a estos *fantasmas* a elevarse, a darse cuenta de que están muertos y ayudarlos a ir a la Luz.

Muchas personas, no solo niños, me cuentan que ven *gente muerta* y pueden comunicarse con ellos. Esto es mucho más normal y habitual de lo que se cree. Me lo cuentan a mí, no a su psicólogo o psiquiatra o amigos, por miedo a que crean que están locos. Hacen bien. El psiquiatra puede confundirlo con una alucinación y medicarlos aun cuando no haya otros indicios que lo justifique.

Vi un niño...

La madre de Pedro, un chico de 12 años, me relata lo que le había dicho su hijo: «*Mamá, ayer me pasó una cosa rara: estaba en el baño cogiendo una toalla para bañarme, y vi un niño rubio al lado de la bañadera, mirando como para adentro, después no lo vi más, era como de unos dos años... ¿Habrá vivido en esta casa algún niño rubio?*».

La madre le pregunta si se había asustado con esta visión, y le dijo que no. Lo que más le llamó la atención a ella fue que le dijo «*vi un niño…*» y no «*me pareció ver*», o algo así…

Niños que recuerdan sus vidas anteriores

Debido a esa conexión espiritual, también muchos niños tienen recuerdos de haber vivido vidas anteriores, pueden recordar fragmentos de esas vidas. Pero al no creerles, o desestimar lo que dicen, o temer que estén locos, los padres no indagan más a fondo, y el niño calla. Y luego olvida. A nadie le gusta que no le crean, hacen bien en cuidarse. Además muchos de ellos son conscientes de que los adultos de su familia no están preparados para eso. Pero cada vez hay más niños con recuerdos, cada vez hay más gente que deja *ventanas abiertas al otro lado* para recordar.

La manera en que estos niños tienen de hablar sobre sus recuerdos de vidas anteriores, es muy natural… y luego continúan jugando como si nada. Los adultos que los escuchan siempre quedan muy sorprendidos. Se les hace evidente que no es una fabulación ni parte de su juego. La mayoría de las veces se asustan y les piden a los chicos que no digan tonterías. A partir de la edad que entran en la escolaridad ya dejan de recordar. Esto es lo habitual, aunque el otro día me contó una paciente que su hijo seguía recordando a los diecinueve años una experiencia de su vida intrauterina.

Los comentarios de niños menores de seis años a sus padres o hermanos pueden ser una fuente de información muy interesante, si los adultos no los reducen a una mera fantasía:

«—*Mamá, ¿sabés por qué no me gusta la carne?* —dice Juan en la mesa familiar ante el asombro de sus padres, que no podían entender cómo un niño de tres años se resistía a probar la carne, sin ser sus padres vegetarianos—, *porque cuando era viejo comía mucha carne y por eso ahora como fruta*».

◆ ◆ ◆

—*Mamá, ¿sabías por qué le tengo miedo a los perros?* —comenta Lucas a su madre cuando regresan del jardín de infantes—, *porque una vez estaba en una finca, en una mecedora con unos padres que no érais vosotros y vino un perro y me mordió.*

◆ ◆ ◆

—*Ahora eres buena, pero antes eras mala, y la abuela era mi tía* —le informa tranquilamente Marcos a su madre, que le empuja la hamaca en la plaza.

◆ ◆ ◆

—*Quise ser tu hijo antes de que quisieras tenerme. Todos hacíamos una fila y Martín* —refiriéndose a su hermano mayor— *tuvo que dejar pasar a muchos para poder nacer en esta familia* —le comenta Sebastián a su madre, sin dejar de jugar con sus coches.

◆ ◆ ◆

—*Mamá, ¿te acuerdas de cuando eras pequeña y yo era tu mamá…? ¿Pero te acuerdas?* —repite Sofía, al ver que su madre la mira asombrada—, *¿que yo era la que planchaba y tú mirabas?* —continúa Sofía con toda naturalidad.

◆ ◆ ◆

—¡*Qué suerte que te elegí como mi mamá!* —le dice Teresita a su madre, mientras juegan juntas en la playa.

◆ ◆ ◆

—*Nuestros papás, antes no eran nuestros* papás. *Pero no se lo cuentes que no les va a gustar* —le comenta María de 5 años a su hermana mayor—. *¡Te lo dije!* —le dice luego enojada, cuando esta se lo cuenta a sus padres y ellos responden que era su imaginación.

Yo no he estudiado ni he intentado comprobar ninguno de estos casos. Tampoco lo hago con las regresiones, ya que es una tarea muy compleja y específica. Tampoco es muy necesario. Hay muchísima bibliografía publicada al respecto. El investigador más conocido sobre este tema es el Dr. Ian Stevenson, que ha comprobado personalmente la veracidad de los relatos de numerosos casos de niños que espontáneamente recordaban alguna vida anterior. Uno de sus libros más conocidos es: *20 Casos posibles de reencarnación (Twenty Cases Suggestive of Reincarnation)*, donde compila los casos más significativos que había estudiado hasta ese momento. Son veinte casos de recuerdos espontáneos de vidas anteriores, acaecidos a niños entre los dos y los cinco años de edad. El autor ha entrevistado tanto a los niños como a todos los familiares, vecinos y personas implicados en las historias correspondientes. Los veinte casos que componen el libro están seleccionados de entre mil doscientos casos.

Carol Bowman, en su libro *Children's Past Lives (La Vida Pasada de los Niños)*, cuenta que a partir del recuerdo de una vida anterior de su propio hijo, se interesó en el tema y comprobó muchos casos más. Ella dice: «*When a child speaks so innocently and knowingly about living before, and so calmly describes what happens after death and on the journey to rebirth, it is firsthand testimony to the truth that our souls never die. These memories present perhaps the best documented evidence yet for reincarnation* (cuando un niño habla con tanta inocencia y a sabiendas sobre haber vivido antes, y con calma describe qué pasa después de la muerte y sobre el viaje al renacimiento, esto es el testimonio de primera mano sobre la verdad de que nuestras almas nunca mueren. Estas memorias presentan quizás las mejores pruebas documentadas sobre la reencarnación)».

Creo importante comentarles que estos autores cuentan que los niños estudiados sanaron algunos de sus síntomas después de relatar estos recuerdos de sus vidas anteriores. Muchas veces estas experiencias son eventos traumáticos, como muertes violentas; y en su vida actual todavía padecían las secuelas en forma de síntomas emocionales (como miedos inexplicables) y físicos (marcas de nacimiento donde habían sido agredidos).

Los adultos que recuerdan sus vidas anteriores al hacer una regresión también suelen tener cicatrices o problemas físicos que coinciden con las agresiones sufridas en esas vidas, y normalmente experimentan un alivio o la sanación completa de sus síntomas físicos o emocionales.

El caso Mozart

¿Y olvidaremos a los genios, o simplemente a los que vienen con una vocación marcada y una habilidad o talento traído, con toda evidencia, de otras vidas? Beethoven declaró cierta vez, con una humildad que no era habitual en él: «*Lo que me diferencia de Mozart es que él nació sabiendo música, mientras que yo tuve que aprenderla*». Es sabido que Amadeus Mozart fue un niño tan prodigioso, que la primera vez que tomó el violín de su padre Leopold, improvisó una melodía de un modo perfecto, como si ya antes alguien le hubiese enseñado a tocar ese instrumento. Y fue por esta razón que muchos creyeron que era un endemoniado, y lo llegaron a pintar en un muro de Salzburgo, su ciudad natal, tocando el violín con cuernos de diablo. Pero evidentemente Mozart no era ni un diablo, ni un dios, sino un niño que en otra vida había sido un gran músico, y al nacer en un nuevo cuerpo, había conservado intacto su aprendizaje anterior.

Por su parte, el gran músico Johannes Brahms, cuando tenía apenas 3 años, para poder memorizar los sonidos de una flauta de juguete que le habían regalado, se inventó una especie de pentagrama para anotar con puntos de colores las notas que iba tocando, y así poder luego repetir las melodías que inventaba espontáneamente, como si ya tuviera conocimientos de música y composición... ¡Y es que de verdad los tenía! Pero adquiridos en otra vida, naturalmente.

Regresiones espontáneas

He escuchado muchos relatos de personas adultas que recordaron espontáneamente escenas de vidas anteriores: ya sea en un sueño muy vívido, de esos que al despertar sentimos que realmente *estuvimos ahí,* o al llegar por primera vez a un lugar, usualmente en viajes de turismo, entrar a un castillo y de repente conocerlo mejor que el guía, hasta recordar pasadizos secretos cerrados al público.

Una iglesia...

Viviana me contó que en un viaje de turismo a España, al salir de una catedral *«el lugar había retrocedido cien años... Las mujeres camina-*

ban con vestidos largos, había carruajes en la calle empedrada, las casas... todo había cambiado», mientras tenía esta visión, se le aflojaron la piernas y se sentó en la escalinata. «*¿Qué te pasa?*», le preguntó su amiga preocupada... Fue solo un segundo, y todo volvió a la normalidad, al tiempo presente. Fue solo un flash, ¡pero tan real!

Recuerdos en un puerto...

Adrián es un marinero que, después de cruzar el Atlántico en un velero deportivo, caminaba por un puerto en una ciudad de Francia por primera vez (creía él), pero al posar sus ojos en una antigua baranda de hierro...: «*Me encontré transportado a comienzos del año 1800... Y al cruzar mi mirada con una mujer que venía de frente con vestidos anchos y sombrilla para cubrirla del sol..., supe que la conocía..., no solo a ella..., ¡todo el lugar me resultaba familiar!*». Esta sensación también duró segundos..., pero la sensación de haber estado allí antes perduró.

Gitanos...

Josefina me cuenta que...: «*La semana pasada estaba con mi marido en la calle, yendo a hacer unos trámites con otras personas que nos acompañaban para firmar unos papeles. En un momento mi marido iba adelante con los otros dos hombres y yo caminaba detrás con la mujer de uno de ellos. Por un momento, al mirar a mi marido lo vi como a un gitano, frente a mí, hablando con otros gitanos. Tenía grandes aros de oro, los cabellos más largos y ondulados con largas patillas, se reía y tenía una actitud fanfarrona charlando con los otros gitanos. Yo me miré y me vi como una gitana también, de edad madura, con una falda anaranjada y un suéter lila, mis cabellos eran lacios y largos y mi piel era oscura, tenía una actitud vigilante con los brazos cruzados, como pensativa, a mi lado había otra mujer gi-*

tana, más joven que yo y con los cabellos negros azabache, ondulados y semi-recogidos que parecía ser mi amiga... Duró solo unos instantes y luego todo volvió a la normalidad».

¿Qué es todo esto? No es una alucinación, no es un delirio... Es gente normal que durante unos instantes tiene la sensación de estar en otro tiempo en el mismo lugar..., como habiendo entrado y salido por el *túnel del tiempo*. ¿Quién no se sintió transportado al pasado en *Medianoche en París*, de Woody Allen? Es salirse durante unos segundos del tiempo lineal, sin por ello perder el sentido de la realidad al regresar, ni presentar síntoma psicótico alguno. Es solo el *recuerdo espontáneo* de una vida anterior.

También puede suceder leyendo un libro, mirando una película. Sin previo aviso irrumpen emociones, sensaciones, imágenes, palabras que no podemos controlar... ¡y menos explicar...!

Una película...

Una noche, sentada junto a mi marido en el cine, viendo y disfrutando esa maravillosa película: *Ágora*, de Alejandro Amenábar de golpe, no pude contener la angustia y rompí en llanto. Fue en el preciso momento en que los cristianos subían las escaleras de la biblioteca en Alejandría, destruyendo todo a su paso: el bellísimo edificio, los documentos, libros, papiros que guardaban todo el conocimiento de la civilización. Sentí el dolor y la angustia de Hipatia y de todos los sabios y filósofos de la antigüedad.

Con la tortura y muerte de Hipatia, filósofa, astrónoma, matemática, directora de la escuela filosófica de Alejandría, que se negaba a convertirse al cristianismo, de quien dicen que fue iniciada en los Misterios de Isis, desapareció la última maestra de sabiduría de occidente. ¿Qué recuerdos despertó en mí este incidente? No lo supe entonces pero hasta bastante después de finalizada la película yo seguía llorando. Nunca me había pasado algo igual. En realidad sí, leyendo un libro. Pero estaba sola, ¡y no hice un papelón!

Unos días después, decidí realizar una regresión para sanar la angustia que había surgido al ver la película. Reviví una vida en Egipto donde era un hombre joven iniciado en los misterios y enseñaba en un templo, sintiéndome con una gran responsabilidad a tan corta edad. Hubo traición y muerte en manos de una persona que se hizo pasar por alumno, y solo deseaba destruir los documentos y matar a la gente que poseía esa sabiduría, por cuestiones de poder o pura ignorancia. Morí encerrado entre piedras con culpa y mucha angustia. Parte de mi alma todavía estaba ahí. En la regresión, se personificó mi maestro en Egipto, el dios Thot, para darme un mensaje: «*no eres culpable de nada*». Pude así dejar el pasado atrás, superar mi miedo a hablar, a transmitir conocimientos. Recuperé mi talento, y pude desplegar mi capacidad de enseñar, no ya en el templo, ni tampoco misterios, pero sí espiritualidad, en cursos, conferencias, libros.

Es habitual que muchas personas tengan trabas en cuanto al despliegue de sus talentos, o de su misión en la vida, debido a situaciones traumáticas del pasado. Vivir así, nos da una sensación de vacío e impotencia. Sanarlas nos lleva a una vida de plenitud, ya que comienza a fluir la energía del Universo confabulándose a nuestro favor.

Déjà vu

Tener la sensación de haber estado en algún lugar, que supuestamente desconocíamos, puede ser el recuerdo de una vida anterior; pero sentir que una situación que estamos viviendo *ya la vivimos* no es el recuerdo de una vida pasada como en estos casos que describí, sino el recuerdo de nuestro *plan de vida*, lo que planeamos antes de nacer. No estamos recordando lo que ya vivimos, sino lo que *escribimos* para vivirlo.

12
Víctima, victimario, rescatador

Víctima

En todo acto de agresión hay una *víctima* y un *victimario*; también puede haber un observador, que se sentirá culpable si no pudo ayudar a la víctima, y representará más adelante el papel del *rescatador*.

Estos son los roles clásicos. Pero no están desconectados. *¿Es la víctima tan inocente? ¿Es el victimario tan culpable? ¿Es el que siempre quiere rescatar al otro, el que no necesita ayuda?* A simple vista sí. Solo desde *La Mirada del Águila*, podemos ver la interconexión entre estos roles. Comprenderlos, sanar y trascenderlos nos libera de alternar entre uno y otro indefinidamente. No necesitamos ser víctima, ni victimario, ni rescatador de princesas. Estos patrones o arquetipos son solo una reacción a situaciones del pasado no resueltas.

Cuando hacemos una regresión para sanar un síntoma físico o emocional, trabas, problemas de relación —o lo que sea que nos esté molestando ahora—, es bastante razonable y habitual que revivamos experiencias —de esta u otra vida— donde fuimos victimizados, o sea, padecimos situaciones de sometimiento, tortura, abuso, violaciones, abandonos, persecuciones, ostracismo, enfermedades, rechazo, soledad, aislamiento, esclavitud, martirio, encierro, injusticias, guerras, campos de concentración, circo romano, hoguera, guillotina, traiciones.

Muertes violentas de todo tipo: ahorcados, apuñalados, asesinados con flechas, espadas, escopetas, pistolas; o envenenados, lapidados, aplastados, devorados, degollados, quemados, decapitados.

O morimos lentamente: en el desierto, por congelamiento, ahogados, asfixiados, por inanición, vejez, cansancio, abandono.

O nuestra muerte se debió a un suicidio, o después de una lenta agonía en un hospital, por un infarto, o después de un coma, o en una cirugía, o por sobredosis de drogas, alcohol. La lista es interminable. Piensen en todo lo imaginable, inimaginable... ¡y mucho más! Es entendible que sean situaciones difíciles de superar.

Seguía en el bosque siendo violada...

En el caso de Samanta, ella quería descubrir la razón de no poder formar pareja. Siempre atraía a hombres violentos que la maltrataban.

En su regresión revivió una vida en la que fue una joven que vivía en una casa en el bosque, y al salir, era atacada por cuatro hombres...

«—*Veo a cuatro hombres que vienen hacia mí. Tengo mucho miedo. Empiezo a correr* —se angustia—. *Me persiguen* —llora—. *Ya se fueron.*

—Cuando cuente hasta tres, vas a ir al principio de esa experiencia... Uno... dos... tres... ¿qué estás experimentando?

—Estoy en el bosque juntando leña para cocinar... Veo de golpe a cuatro hombres...

—¿Los conoces?

—No... pero me dan miedo... Me vieron... Vienen hacia mí... Me late el corazón, me paralizo, no sé qué hacer... Nadie me puede ayudar, estoy sola... Me van a hacer algo malo...

—Cuando cuente hasta tres, vas a ir a esa experiencia donde te hacen algo malo... Uno... dos... tres...

—Me agarran de los pelos... —llora—, se ríen..., están borrachos..., me tapan la boca y no puedo gritar... ¡Me ahogo! Me arrancan la ropa, me pegan, me lastiman... No puedo hacer nada... no me puedo defender...

—Sigue avanzando... Deja salir todo eso...

—Me tiran al suelo... —grita—. Me... me duele, me lastiman... me golpeo la cabeza al caer contra una piedra y sale mucha sangre... Se van. Los veo irse... me quedo ahí, tirada, sola...

—¿Hasta cuándo te quedas ahí?

—¡Todavía estoy ahí!

—Cuando "estás ahí", ¿tu cuerpo esta vivo o está muerto?

—No sé... Estoy tirada... sangrando...

—¿El corazón late?

—No...

—¿Tus pulmones respiran?

—No...

—Entonces, ¿tu cuerpo está vivo o muerto?

—Muerto... pero yo estoy ahí...

—¿Estás dentro o fuera de tu cuerpo?

—Dentro...

—Sé consciente de que tu cuerpo se murió... Quita toda tu energía de ahí para poder llevarla a la Luz... ¿Puedes hacerlo?

—Sí...

—Y ahora te vas a defender y a hacer lo que no pudiste hacer..., y les vas a pedir a esos hombres que te devuelvan tu energía... Uno... dos...

—se enoja, grita, insulta y golpea los almohadones que le pongo delante para que libere toda la emoción—. Se comunica alma a alma con esos hombres y les reclama su energía.

—*¡Les pido que me devuelvan toda la energía que me robaron...! Se la quito porque no me la quieren dar, en realidad no entienden nada, son almas densas...*

—*Lleva toda tu energía a la Luz y avísame cuando hayas llegado...*

—*Ya he llegado... Hay mucha paz, mucha luz, y me reciben unos ángeles que me dicen que descanse...*

En la armonización, reparé su cuerpo energético de todas las agresiones recibidas en esa vida, con técnicas de sanación chamánicas.

Tal fue el impacto, el horror y la sorpresa al ser agredida, que al morir su cuerpo en manos de estos hombres, parte de su energía, de su alma, había quedado atrapada en esa situación repitiendo una y otra vez el mismo evento con la intención inconsciente de salir de ese atrapamiento, pero solo lograba recrear la escena, atrayendo hombres violentos a su vida, manteniéndose así en el rol de víctima, hasta que hizo la regresión.

Pero la moneda tiene dos caras y a veces nos descubrimos siendo *los malos de la película*.

Victimario

Vinimos a esta Tierra a experimentar, a crecer, a evolucionar. Pero mientras estamos aprendiendo quedamos atrapados en nuestras propias decisiones. Y a veces decidimos sufrir porque sentimos que nos merecemos el castigo. A veces es verdad, ya que nos hemos dejado llevar por las vibraciones más bajas, las pasiones más oscuras: matamos, violamos, torturamos...

Y necesitaremos experimentar en otra vida las consecuencia de nuestras malas acciones, para evolucionar, para crecer en el amor. Y a veces es necesario padecer el dolor que antes infligimos a otro para aprender a no dañar al padecerlo en carne propia. Podemos elegir ser violados, asesinados, rechazados... No como castigo, sino para saber qué se siente y aprender a no hacerlo más. Pero la trampa, el peligro, es quedar detenidos en el rol de víctima. Por culpa, o por costumbre.

Este es el caso, cuando después de haber aprendido la lección —de liberarnos de la tendencia a dañar después de haber vivido algunas vidas como víctimas—, nos quedamos sufriendo por muchas vidas más, porque nos seguimos sintiendo *culpables, malos, que merecemos el castigo*, entonces sufrimos una y otra vez expiando eternamente nuestro pecado, olvidando que nosotros mismos lo estamos generando. No hay un dios castigador. Es nuestra decisión seguir sufriendo o no. Es solo aprendizaje. Después de vivir una vida como victimario, al morir el cuerpo el alma hace la revisión de esa vida, nos arrepentimos de nuestras acciones desconsideradas, y podemos decir algo así como: «*no tengo perdón de Dios*», o «*harán falta varias vidas para pagar todo el mal que hice*», o «*mejor ser tonto o incapaz o no saber, antes que volver a dañar...*».

Muchas veces, en una terapia de regresión, es necesario acceder a la vida en la que fuimos los victimarios, y por ende, *echamos a rodar la rueda del karma* que estamos padeciendo ahora. Es necesario darnos cuenta de que no somos *víctimas inocentes*. Ser conscientes de la dinámica del karma nos permite darnos cuenta de que estamos a cargo de nuestro destino: *así como lo generé, tengo el poder de cambiarlo*.

Soy alguien con mucho poder...

Cecilia, después de varias regresiones donde revivió vidas anteriores como *víctima* en diferentes épocas: vidas terribles como mujer, sufriendo el abuso de los hombres, de sus padres, abandono y maltratos, en esta sesión, accede al origen de ese karma:

«—*Estoy hablándole a un montón de gente como si fuera un rey...*
—*¿Qué sientes cuando estás hablando?*
—*¡Que soy superior! Y me voy... y siento que cuando me voy, todos critican lo que dije, que nadie me quiere... Soy déspota... Me voy como a un cuarto con dosel y hay una mujer que parece mi esposa... Maltrato a mi mujer en ese cuarto, abuso de ella, llora y me río y mis hijos lo ven...*
—*¿Qué sientes cuando abusas de tu mujer?*
—*Que es mi derecho.*
—*¿Y cuando tus hijos ven todo eso?*
—*Los castigo por ver, me enojo. Los mando a su habitación. Callo a mi mujer que llora como una loca, le doy una bofetada y le digo que se calle. Y es como si nada, no me afecta nada.*
—*¿Qué sientes?*
—*Que todos me miran mal.*
—*¿Qué sientes cuando te miran mal?*
—*Que son unos estúpidos y me tienen que sonreír.*
—*Continúa.*
—*Y hay una señora que me sonríe y que nos acompaña a todos, nos ayuda a todos, como un ama de llaves... Es la única que me enternece, que me trata bien, los demás me tienen miedo, ella no me tiene miedo.*
—*¿Qué sientes cuando te tienen miedo?*
—*Arrogancia, me da más poder.*
—*¿Qué más sientes?*
—*Siento que me deben respeto por lo que yo hago por ellos.*
—*¿Qué haces por ellos?*
—*Gano batallas... Y este lugar, no sé, me corresponde...*
—*Cuando cuente hasta tres, vas a ir al siguiente momento significativo en esa vida... Uno... dos... tres... ¿qué estás experimentando?*

—Estoy en un balcón y me mira esa mujer, esa ama de llaves, es la única que me mira diferente...
—¿Qué sientes?
—No quiero dejar que me penetre, quiero seguir siendo quien soy, me gusta ser así, ella me quiere romper los esquemas de quien soy...
—Cuando cuente hasta tres, vas a ir al siguiente momento significativo de esa vida... Uno... dos... tres... ¿qué estás experimentando?
—Estoy solo en un calabozo, anciano... Invaden el reino desde otro país, unas personas con uniforme azul y rojo invaden el reino parece algo inglés... Mando a mi gente a luchar y están desarmados.
—¿A qué se debe que estén desarmados?
—Supongo que no me ocupé de armar el ejército, de defendernos, estaba ocupado en demostrar que era poderoso siempre en reuniones, de hablar y dar mensajes y esas cosas. Yo me voy, se quedan peleando y me voy... Me agarran, me secuestran un par de hombres, y se sientan en mi escritorio a decirme que las cosas tenían que cambiar, y yo tenía que trabajar para esta corona; y no sé, era muy vanidoso y no entendí lo que me hablaban, no pacté con los invasores... Y el pueblo, todos me dejaron solo... En realidad yo no quería a nadie... no entiendo por qué me dejan solo... tampoco los necesito, pero como yo soy el rey, es obligación que yo esté bien... A la criada le da pena... ella me lo hace sentir, y no me gusta... Soy cabezota... No sé... y entonces me proponen seguir y yo no quiero nada..., y me proponen otra cosa y yo no quiero y me meten en un calabozo... Por suerte estoy solo... Pasan los años...
—¿Cómo es tu calabozo?
—De piedra, tiene una silla de madera grande como de rey pero sin tapizar y tiene el suelo de tierra y está en un pasillo, rejas en la puerta, y la comida la pasan por un pasadizo debajo de la puerta y tiene un candado grande... Y pienso en esa señora... Tendría que pensar en recuperar el castillo, que me lo tendrían que dar porque tengo sangre de rey...
—De toda esta experiencia, ¿Cuál es el momento más terrible?

—No tengo momentos terribles porque no tengo corazón... No sé qué pasa... Algo pasa, una guerra... En el pueblo y me liberan..., parece que hay una revolución y salgo con la ropa rota caminando derecho como antes y todos me respetan porque son los mismos de cuando yo era rey, por eso les seguía mandando... ¡Igual nunca más soy rey!...: se quedó el pueblo con el castillo...

—Cuando cuente hasta tres, vas a ir al momento de tu muerte en esa vida... Uno... dos... tres...

—Estoy enfermo en una cama y esa señora me cuida, estoy en un cuarto, muchas colchas... Mi hijo es el rey, me tiene en un cuarto, pero no me vienen a ver, y la señora es anciana y yo estoy rígido...

—¿Qué le va pasando a tu cuerpo?

—Parece un resfriado, una neumonía..., toso y me dan algo con una cucharilla, una sopa o un remedio..., y no sé..., siento que soy tan débil que me quiero morir porque no me quiero ver débil, quiero ser rey, no quiero ser débil, y nadie me viene a visitar y me miran con desprecio, pero ahora sí me importa...

—¿Qué sientes?

—Enfado, porque ahora yo no soy así, pero me miran con desprecio... La mujer de mi hijo... mis hijos...

—¿Qué necesitarías hacer para quitarte el enfado?

—Cambiar toda mi vida, no tendría que haber sido tan déspota, ni violado, ni castigado a mis hijos; pero yo soy el rey y no pienso así, no pienso que está mal... Es así; quizá pienso que tendría que haber formado un ejército para poder seguir haciéndolo... Me voy quedando dormido por un remedio que me dieron... Se me van las fuerzas y me muero...

—¿Qué pasa contigo cuando muere tu cuerpo?

—Lo ponen en una urna o algo así...

—Cuando ponen tu cuerpo en la urna, ¿qué sucede con tu alma, con tu energía, desde dónde ves tu cuerpo?

—Desede afuera, desde arriba...

—¿Qué sientes cuando lo observas?

—Que... le dieron poder para hacer cosas buenas e hizo todo cosas malas.

—Al observar ese cuerpo, sé consciente de que ese cuerpo ya se murió, quita toda tu energía de ese cuerpo y de esa vida... ¿quieres devolverle a la gente que maltrataste su energía?

—Quisiera pedirles perdón... —llora—. Les devuelvo toda la energía que les robé..., les pido perdón... y que sean felices —llora—... estoy arrepentido... —llora.

—Lleva toda tu energía hacia la Luz y avísame cuando hayas legado...

—Ya he llegado.

—¿Cómo te sientes en la Luz?

—Mejor.

—¿Estás con alguien?

—Estoy con alguien.

—¿Con quién?

—No sé, un ángel...

—¿Qué te trasmite?

—Que tengo mucho que aprender y que hay que querer a la familia, y respetar a todos, y el apego...

—¿Sabes si esta vida es anterior o posterior a tus vidas donde eras una chiquilla sola en la cabaña, y la otra en que estabas con los gitanos que te violaban? —le nombré dos vidas como "víctima" que ella había experimentado en otras regresiones.

—Anterior. En las otras estaba del otro lado... para aprender... una vuelta de lo mismo: después de someter que me sometan, estar del otro lado...

—¿Pudiste aprender?

—No. Porque aún no soy libre, ni una cosa ni la otra, tengo que aprender a ser libre.

—*¿Qué te falta hacer ahora?* —refiriéndome a su vida actual.
—*Ser libre...*
—*¿Qué no te está permitiendo ser libre?*
—*Que no quiero a mi familia materna, yo quiero a mi marido y a mi hija, a ellos no los quiero mucho...*
—*¿Qué te dice el ángel sobre eso?* —como ven, no necesitamos dar lecciones de moral, ni decir lo que la persona debe hacer, los Seres de Luz se encargan de eso.
—*Les tengo que enseñar a amar, dice...* —llora—, *no saben amar* —llora— *y yo no tengo que reprochárselo...* —llora—, *si yo soy libre y feliz, ellos me van a querer imitar.*
—*¿Qué necesitarías hacer entonces?*
—*Soltarlos.*
—*¿Algo más?*
—*No...*
—*Ahora vas a elegir un color para envolverte, ¿qué color eliges?*
—*Amarillo...*

Perdón a ti mismo

La *bolsita medicinal* que el chamán lleva siempre consigo, posee objetos que simbolizan y tienen la energía de todos sus aprendizajes, los obstáculos superados y convertidos en su activo más valioso, para guiar a quienes todavía están en el camino. Este proceso maravilloso comienza con un gran paso, el más difícil de dar: *perdón a uno mismo*. Es imprescindible dejar la culpa atrás, que por algo tiene merecida fama de pésima consejera. Nos mantiene aferrados a un rol de víctima que no favorece a nadie, y dificulta el aprendizaje. Necesitamos integrar *la sombra*, término de Carl Jung para nombrar aquellos aspectos nuestros que no queremos aceptar, por considerarlos negativos, y lo único que logramos, es mantenernos escindidos.

Rescatador

Todos conocemos gente, amigos, padres, que actúan como los salvadores del mundo, siempre rescatando perritos en la calle, corriendo a ayudar al amigo ante el primer aviso, consiguiendo el psicólogo para la amiga deprimida, el médico para la que se siente mal, dándote consejos y recetas... y no en la justa medida, que está bien, sino cual caballero salvando princesas encerradas en la torre...

Me siento protegida, pero...

Sofía mantiene actualmente una relación con un hombre que ella define como *bueno*, que *la protege y cuida* como no lo habían hecho sus anteriores parejas. Es lo que ella siempre había querido, pero no se siente contenta... como que no le gusta...

—*Ponte cómoda, cierra los ojos...* —y después de inducirla a un estado profundo—: *cuando cuente hasta tres vas ir a la experiencia que tu alma ya eligió trabajar hoy aquí para tu sanación, a la experiencia responsable de estas sensaciones de sentirte protegida, pero no del todo contenta... o similares... Uno... dos... tres... ¿qué estás experimentando?*

—*Soy una niña pequeña vagando sola por un campo, creo que hubo una guerra o algo así... Mi familia no está, me parece que murieron todos. Tengo hambre, estoy sola. Viene un soldado a caballo y me lleva.*

—*¿Qué sientes?*

—*Me sube a su caballo pero no siento miedo. Llegamos a una casa, hay una mujer y otros chicos. Le dice a esa mujer que yo voy a vivir ahora ahí con ellos porque mi familia murió. La mujer dice que no hay comida suficiente para todos y me quiere echar, pero él no la deja. Dice que me va a cuidar.*

—¿Reconoces la energía... es de alguien que conozcas de otra vida? Míralo a los ojos —en la mirada podemos reconocernos.

—*Sí, él es Pedro* —su pareja actual—. *Me quiere proteger, sintió lástima por mí y culpa, porque no pudo proteger la aldea de los ataques. Me quedo ahí pero me muero al poco tiempo, estaba enferma. Él se pone muy triste y siente culpa.*

—¿De qué manera afecta esto a tu vida como Sofía?

—*Él me protege, pero como un padre.*

—Comunícate con él de alma a alma, dile lo que necesites para terminar con la atadura de esa vida, que pueda entender que ya no necesita cuidarte, que no fue su culpa y que eso ya terminó.

Ahora le habla a su alma:

—*Gracias por cuidarme en esa vida, pero ya no lo necesito, ahora estoy bien, ya soy mayor, estamos en otra vida... Ya está, lo entiende. Nos liberamos.*

—Vuelve al momento de tu muerte en esa vida... y sé consciente de que ese cuerpo ya se murió... quita toda tu energía de ese cuerpo y de esa vida... ¿puedes hacerlo?

—*Sí, me veo desde arriba...*

—Llévala a la Luz y avísame cuando hayas llegado...

—*Ya está. Es muy hermoso, hay mucha luz, mis padres me vinieron a buscar...*

—Elige un color para armonizarte...

—*Azul...*

Su pareja actual está actuando como rescatador, por la culpa que le embargó en aquella vida al no haber podido salvarla, ni salvar a la gente que era su responsabilidad... Necesita trascender esa necesidad de proteger, que no termina en Sofía, sino que se extiende a sus hijos y a toda persona que tenga cierta dependencia de él, para así poder formar una pareja con ella, unidos desde otro lugar, diferente del de la protección paternal.

13
Patologías y regresiones

Psicosis

Generalmente no se recomienda esta terapia para personas con psicopatologías graves, que deben ser asistidas con medicación psiquiátrica por trastornos psicóticos, pero un profesional de la salud entrenado podría tratarlos con la técnica de regresiones, como complemento de dicha medicación y de la terapia convencional, adaptando la técnica a las posibilidades de cada paciente.

Desde mi punto de vista, en el caso de las alucinaciones que padecen estos pacientes en sus brotes psicóticos, se trata de recuerdos de vidas pasadas y energías de gente viva o muerta, que invade su campo energético. Estos *personajes* de las *alucinaciones* son reales. Un psiquiatra tradicional diría que el paciente *no puede distinguir realidad de fantasía*. Mi postura, en cambio, es que no puede distinguir entre una vida pasada y su vida actual, o bien, una *entidad* de una persona física.

Recordemos que el hecho de percibir *otras realidades* no implica necesariamente que estemos ante un síntoma psicótico. Es muy importante hacer el diagnóstico diferencial. Mucha gente suele *ver, sentir u oír gente muerta* en su casa, por la calle, esporádica o habitualmente, así como experimentar la irrupción de un fragmento de vida pasada, lo que llamamos regresión espontánea, como acabamos de enterarnos, sin que esto altere en lo más mínimo su personalidad ni cause confusión alguna, ni sea el síntoma de alguna enfermedad, como comprobamos a lo largo de este libro.

Una historia de bipolaridad...

Laura comenta: «*Lo que desataba mi bipolaridad era vivir emociones muy fuertes. No tener control sobre eso... Me fusiono con fuerzas más poderosas que yo..., violentas...*».

Decidimos profundizar en esta sensación que acompaña a Laura, para ello, le digo que se recueste cerrando los ojos, se relaje, se ponga cómoda...

«*—Cuando cuente hasta tres vas a ir a la experiencia responsable de esta sensación de sentir que te fusionas con fuerzas más poderosas que tú, violentas... Uno... dos... tres... ¿Qué estás experimentando?*

—*Estoy con mi abuelo, siento la tristeza de mi abuelo. Está solo conmigo, no está con su mujer que está en el cielo. Me mira con amor. Siento la tristeza en el cuello. Estoy preocupada por él, estoy cuidándolo.*

—*¿Qué edad tienes?*

—*Soy pequeña..., cuatro o cinco..., o seis..., por la casa donde estamos...*

—*Cuando cuente hasta tres vas a ir a la primera vez que tuviste estas sensaciones o similares...*

—*Me acuerdo de mi madre..., de esa sensación de tener que cuidarla..., soy muy pequeña. Hay mucha tristeza porque se murió mi abuela. Y mi madre tiene miedo —llora—. La acompaño, la cuido, está muy sola. Mi madre no está contenta, la acompaño con mi hermano, tengo la cabeza en otro sitio...*

—¿De qué manera te afecta esto ahora, en tu vida como adulta? ¿Qué te hace hacer?
—No puedo dejar de preocuparme por los demás.
—¿Y qué te impide hacer?
—Dejo de tener concentración en mis intereses, en mis deseos... me confundo...
—¿Qué relación tiene todo esto con tu bipolaridad?
—Me censuro, me postergo, me aguanto, me contengo, cuando "enfermo" —por los "brotes de manía"— les digo a mis padres todo lo que pienso, les grito... necesito que me dejen...
—Para no necesitar "enfermarte", diles ahora, como si estuvieran aquí, todo lo que necesites decirles...
—Papá, mamá, este año necesito ocuparme un poco de mis cosas, voy a tomar un poco de distancia para curarme un poco... Necesito tomar un poco de distancia para estabilizarme, organizarme, me cuesta separarme de sus problemáticas...
—¿Qué te dicen?
—Que está bien, que esperaban que lo hiciera.
—Diles que te devuelvan la energía que te robaron..., porque cuando eras pequeña, tuviste que ser adulta para cuidarlos, fuiste madre de tus padres, también te hiciste cargo de tu abuelo...
—No sé si me la robaron..., o si se la di..., ¡no puedo recuperar mi energía! No quiero recuperar mi energía porque estoy acostumbrada a eso...».

Laura rehusaba recuperar su energía porque sentía que estaba acostumbrada... veamos a qué se debe su resistencia a abandonar su rol de víctima:

«—¿Qué pasaría si recuperaras tu energía? ¿A qué le tienes miedo?
—No sé.... Estoy muy acostumbrada... Tal vez esté curando algo que

*hice (en una vida anterior)... —*llora—*. Me imagino que fui una mala madre..., algo con la maternidad, con la crueldad... —*llora—*. Me veo siendo una mujer muy fría..., muy sola, con un corazón muy duro..., muy fría..., muy..., soy muy estricta, parece como si fuese viuda y soy muy estricta..., vestida de negro..., soy muy severa...*

—*Cuando cuente hasta tres vas a ir al principio de esa experiencia... Uno...dos... tres...*

—*Estaba muy enojada con mi marido... Me sentía muy infeliz... Vestido largo, muy severa, crío una hija que no es mía, parece como si no hubiera podido tener hijos... Ella ya creció y yo me veo envejecer... ¡Ay, no sé si no maté a mi marido...! Mi corazón estaba endurecido, no sé qué hice, pero tenía muy duro el corazón... Me veo en la cocina, no le dejo hacer nada a mi hija, me ocupo de decirle que "no" a todo lo que quiere, todo lo que me pide, todo lo que disfruta se lo voy quitando... Me parece que no pude tener hijos...*

—*Cuando cuente hasta tres vas a ir al momento de tu muerte en esa vida... Uno...*

—*Solo me acompaña esa hija... Igual me maté yo misma... Tomé algo... Esa chica ya no está más conmigo, tomé algo, terminé con esa vida y he muerto en un sillón...*

—*¿Cuál es tu último pensamiento antes de morir?*

—*Quiero acabar con esa vida.*

—*¿Cómo muere el cuerpo?*

—*Paralizado.... Yo soy tan mala y tan dura que es como si me enfrentara a la muerte con soberbia, como si le dijese a la muerte que no me va a coger, que yo lo voy a decidir, no ella... me asfixio un poco... y nunca expreso mi desesperación, nada... —*siente que se asfixia—*. Siento ahogo... Me hace recordar una vez que tomé un remedio y la garganta reaccionó mal —*en su vida actual—*, me brotó la garganta... Me larga como una reacción extraña... Esa es la reacción que tuve al morirme...*

—*De toda esa experiencia, ¿cuál es el momento más terrible?*

—Esa hija no me va a enterrar junto a su padre... Fui una madrastra cruel, su madre parece que murió cuando ella nació... una cosa así...

—¿A qué se debe que fuiste tan cruel?

—A que era la luz de los ojos de su padre, era muy dulce con ella y los celos me hicieron ser muy mala y muy cruel, tanto que no pude tener hijos... Maltrataba a mi marido..., parecía que primero le hice daño a él, porque si se lo hacía a ella me daba miedo la reacción de él... Supongo que lo envenené... Él se levantó por la mañana y se lo tomó —el veneno— y se murió en la cama... y ella llora desesperada... Y yo no puedo expresar mi desesperación..., por lo menos siento que rompí ese amor que se tenían..., por lo menos puedo controlar un poco más mi inseguridad, mi celos, mi odio hacia ese amor que se tenían y en el cual no me podía integrar... Tengo un paro cardíaco porque me envenené... Agradezco que se terminara esa vida...

—En ese momento en que te mueres, ¿tu alma toma alguna decisión?

—Parece que esa hija llora un poco... No puedo creer que a pesar de todo lo que yo hice ella acompañara mi muerte... "Deseo ser un alma buena...". Me acuerdo de una vez cuando era joven siendo esa mujer y tenía algún momento de alegría y bondad cuando la conocí a ella con su padre, y es el único momento del que me quiero acordar... "quiero tener otra oportunidad"..., de lo que es formar una familia..., y poder dar amor...

—¿Qué te hace hacer eso en tu vida como Laura?

—Aprendí a sentir placer al cuidar a otro, pero ahora como adulta tengo inseguridad cuando lo hago, no sé ponerme límites a lo que doy, cuidarme a mí misma. Me desconecto de mi necesidad y estoy muy atenta, y me convertí en una víctima. Aprendí a ser víctima para recibir amor. No tengo aprendida otra forma de amar. No sé defenderme. Ya perdoné a esa mujer —a ella misma en su vida anterior—».

Le pide perdón a quienes fueron su marido y su hija en esa vida de victimaria, y les devuelve su energía:

«—... al devolverle la energía a quien fue mi marido en esa vida, me dice que me quería amar y que me va a tocar entender. Puedo entender lo que mi marido sentía en esa vida. Dice que se sentía humillado y aceptaba los maltratos...».

Cuando le devuelve la energía a quien fue su hijastra en esa vida y le pide perdón, comenta:

«—*Me dice que: "solo yo me voy a tener que perdonar por lo que hice, y que voy a ser mi peor condena, que ella no me tiene que perdonar... Yo me voy a tener que perdonar".*

—*¿Qué te hace hacer esto en tu vida como Laura?*

—*Me hace abortar cosas que son violentas, no me rebelo, aguanto, no me alejo del castigo... contengo mis impulsos, mi severidad... y cuando estoy bipolar* —refiriéndose a los brotes de manía del trastorno bipolar que padece—, *la largo* —es violenta—. *Mi alma tiene un poco de esa crueldad y severidad que controla. En ocasiones me pongo muy severa y cortante. Pongo distancia, me pongo soberbia y severa, y para salir de ahí, me hago la víctima. Lo que más me reconforta es cuando puedo ayudar a alguien, cuidarlo, amar a alguien...».*

La regresión termina cuando ella lleva su alma a la Luz, elige un color para envolverse y hacer la armonización para dejar todo esa experiencia en el pasado, borrar las imágenes y sensaciones y regresar a su consciencia en su cuerpo físico en el día actual.

En la historia de Laura, tal vez su alma prefirió mantenerse controlada a través de su enfermedad (bipolaridad) por miedo a no lograr su objetivo de *ser amable*, si sus facultades psíquicas estuvieran intactas. Necesita lograr el desarrollo y la sabiduría necesarios para integrar ambos aspectos y alcanzar una síntesis en un nivel superior. Necesita aprender a ser buena, sin ser víctima, sin postergarse a sí misma, el equilibrio entre el dar y el recibir..., abrir su corazón sin miedo..., así integrará los polos en los que su personalidad oscila, y el alma habrá aprovechado bien su nueva oportunidad.

Debo aclarar que, por tratarse de una persona que presenta un trastorno bipolar, la práctica de la regresión se realiza dentro de un contexto psicoterapéutico con sesiones regulares, y la regresión no lleva más de diez o quince minutos, adaptándola a sus posibilidades y prestando máxima atención a la respuesta del paciente. Y, desde ya, siempre estando bajo tratamiento psiquiátrico con la medicación adecuada. No es porque no pueda hacer la regresión, todo lo contrario: posee una gran facilidad para entrar en contacto con sus contenidos inconscientes, los recuerdos y heridas almacenados en la memoria de su alma; pero justamente por ello, debí ser muy cauta para que no profundizara más de lo que su personalidad podría integrar luego. La regresión así modificada es muy útil para liberar las emociones que no se han podido expresar en el pasado, y que como dice Laura, solo se anima a hacerlo en los brotes de manía.

Coincido plenamente con la línea de trabajo de Eduardo H. Grecco sobre la bipolaridad. Entre otras cosas, él postula en su libro «*La bipolaridad como don*» que: «*el paciente bipolar posee el don de la creatividad, y que es, precisamente, afirmando el talento como su salud puede ser alcanzada*». Fui testigo de ese don, y de la felicidad de quienes padecen ese trastorno, cuando pueden dedicarse a alguna tarea artística: baile, pintura, actuación, escritura. También he observado su angustia por la sensación de *chatura, falta de vitalidad con sensación de sinsentido*, en los momentos en que la medicación no les permite cierto oscilar, como bien dice Eduardo Grecco: «*Pero para desplegar todo su talento el bipolar tiene que poder oscilar. Si se lo priva de esto, en vez de ayudarlo a sanar se le incrementa su padecer, y la ciencia, en vez de admitir su fracaso con este enfoque, prefiere sostener que es el paciente el que fracasa. Surge entonces la creencia de la incurabilidad bipolar. Y las creencias son hábitos sobre los cuales ya no reflexionamos*». Y agrega: «*El desen-*

lace de esta dialéctica no puede consistir en suprimir la alternancia para tranquilizar las conciencias terapéuticas, sino en ayudar a transformarla en un movimiento equilibrado, y poderosamente creativo».

Enfermedades físicas

Teniendo en cuenta que el karma y las razones que un alma tiene para encarnar y experimentar determinadas vivencias es insondable, también lo son las diferentes causas de una enfermedad. Como dijimos anteriormente, al mencionar la parábola donde Jesús curó al ciego de nacimiento, este podría haber nacido así por el karma que traía de vidas anteriores, o como aclara Jesús, para que Dios pueda demostrar su poder, o sea, para un fin más grande que beneficia a todos los demás. Lo mismo sucede con muchas almas valientes y evolucionadas, que vienen con alguna discapacidad para beneficiar de alguna manera a quienes la rodean, o por ejemplo, para que la humanidad pueda descubrir una cura para alguna nueva enfermedad. En estos casos estamos hablando de enfermedades o las llamadas discapacidades, al momento incurables. En otros casos, las almas pueden elegir venir con estas enfermedades o discapacidades a esta nueva encarnación para no generar mayor karma negativo debido a que les resulta difícil todavía controlar alguna tendencia agresiva. En los demás casos, podemos decir que hay muchas enfermedades, por no decir casi todas, que tienen una base emocional además de la física, hereditaria, etc., por eso no sorprende a nadie, a esta altura, si decimos que en muchos casos, pueden ser aliviadas con las regresiones. Una enfermedad o dolencia física de cualquier tipo, puede originarse en una experiencia traumática de una vida anterior, ya sea por una emoción dolorosa no resuelta, como venimos viendo en la mayoría de las regresiones, o puede haber sido causada directamente por algo físico que dañó el cuerpo de la persona en esa otra vida y lo reproduce de alguna manera en ésta. Hablamos de marcas de nacimiento, accidentes o cirugías en esta vida, que dejan una cicatriz en el mismo lugar donde le clavaron una espada, o una flecha, etc., en la vida anterior. También un problema respiratorio por ejemplo, o una adicción al tabaco, pueden haber sido originados a raíz de una muerte por inhalación de humo en un incendio en otra vida.

Un dolor crónico en la espalda...

Escuchemos la historia que Mariela tiene para contarnos, acerca de su dolor de espalda:

«—*A raíz de la osteoporosis tengo un dolor en la parte baja de la columna, en el sacro...*
—*¿Como si fuera qué cosa ese dolor...? ¿Qué sientes?*
—*Es como una presión o algo así.*
—*¿Y qué le hace la osteoporosis a tus huesos?*
—*Los debilita y eso me causa miedo.*
—*¿Y dónde sientes el miedo?*
—*El miedo lo siento en todas partes, porque me da la "sensación de no movilidad"*».

Le digo que se recueste cómodamente para hacer la regresión:

«—*Cierra los ojos... pon tu atención en la respiración...*».

Continúo con la relajación guiada como en todos los casos, para que la mente y el cuerpo se aflojen y el alma se pueda expresar, para que aflore el recuerdo que está en el inconsciente y es la causa de su síntoma.

«—Cuando cuente hasta tres, vas a ir a la última vez que sentiste ese dolor en la espalda... Uno... avanzando muy lentamente... dos... sigues avanzando más y más..., tres..., ¿qué estás experimentando? ¿Cuándo fue la última vez que te dolió la espalda?

—Hoy a la mañana.

—¿Cómo es ese dolor?

—Es como una presión, y cuando me muevo me cuesta, después se va.

—Una presión, ¿como si fuera qué?

—Como si tuviese algo apoyado ahí —en la espalda.

—Algo apoyado ¿como qué?

—No sé, algo pesado.

—Cuando cuente hasta tres, vas a estar en esa experiencia, donde tienes "algo pesado que te presiona la espalda", uno..., avanzando muy lentamente, dos..., sigues avanzando más y más, tres... ¿qué estás experimentando?

—Me veo como caída en un lugar, y quedo como colgada. Así, de espalda boca arriba, pero no sé qué es eso, algo oscuro, como si fuese hierro.

—Eso es, siente ese hierro, ¿qué le hace ese hierro a tu espalda?

—Siento mucho dolor...

—Eso es, siente ese dolor... continúa —comienza a llorar, y la dejo liberar la emoción.

—Es mucho dolor y no me puedo mover.

—Siente cómo no te puedes mover... ¿En qué posición está tu cuerpo?

—Es como si estuviese así en el aire, y eso sería lo que me sostiene, pero a su vez es lo que me lastima, y siento que no me puedo mover porque me voy a caer».

Continúa llorando...

«—Cuando cuente hasta tres, vas a ir al comienzo de esa experiencia y todo te va a ser perfectamente claro, uno..., yendo al comienzo de esa experiencia, justo antes de caer ahí, dos... tres... Estás ahí, ¿qué estás experimentando?

—No sé, ahí donde estoy es como que fuese un pozo, en un lugar, hay pastos altos...

—¿Te caíste en un pozo?

—Iba caminando por un campo... Soy mujer, tengo un vestido marrón...

—¿A qué se debe que camines por ahí?

—No sé, pero doy pasos largos, como que voy escapando de algo. Me escapé de algún lugar... y que también me siguen, no sé... es un grupo de gente.

—¿Qué edad tienes más o menos?

—No sé, 12 o 13, y vienen... vienen...

—¿Quiénes vienen?

—Vienen a caballo, vienen hombres... y destrozan todo —llora—. Tiran todo, tiran todo, yo corro, corro, me persiguen y ahí es cuando me caigo —llora—. No hay hombres para defendernos, estamos nada más que mujeres y niños.

—Si supieras, ¿a qué se debe que no hay hombres para defenderlos?

—Se fueron... no sé... a cazar, a buscar comida.

—Eso es, continúa avanzando un poco más...

—Yo los veo llegar, pero no tengo miedo, pero después se ve que están agresivos y prenden fuego todo..., corren a todos, y a mí me persiguen para agarrarme... Yo voy corriendo con pasos muy largos, y el pasto, o no sé qué es, es bastante alto, me cuesta correr ahí..., y de pronto..., escucho ruido detrás, pero no muy cerca.

—¿Qué ruido escuchas?

—Ruidos en la tierra.

—¿Qué te hace sentir esos ruidos en la tierra?

—Que tengo que seguir, tengo que seguir corriendo, y de pronto, cuando piso, piso con una pierna me inclino y me caigo hacia atrás y ahí quedo colgada con ese palo..., con ese dolor en la cadera.

—Cuando cuente hasta tres, vas a sentir nuevamente cómo empiezas a caer... Uno... dos... tres... ¿qué le va pasando a tu cuerpo?

—Me caigo, mi cuerpo gira en el aire, me golpeo fuerte, pero mantengo el equilibrio.

—¿Dónde te golpeas?

—Aquí atrás, un poco más abajo de la cintura.

—Eso, siente eso, continúa...

—No sé qué hacer, porque me duele y no puedo, tengo miedo de moverme porque no sé si me voy a caer al pozo, no sé si es profundo o estoy... —llora—. Y siento que no puedo llamar a nadie porque tengo miedo de que me descubran. Me obligan a no pedir ayuda.

—¿Qué sientes cuando sientes que no puedes llamar a nadie?

—"Tengo que salir sola" —luego reconoce, que es por eso, que en esta vida le cuesta pedir ayuda.

—Eso, continúa. ¿Qué más sucede?

—Yo empiezo a moverme y eso me duele, pero me doy la vuelta y no sé, me veo arrastrándome. Siento que me tengo que quedar ahí, que no tengo muchas fuerzas más...

—¿Dónde sientes el dolor?

—En la cadera, en la parte baja de mi columna. Tengo eso clavado.

—Ahora vas a sentir eso más profundamente, mucho más profundamente... Uno... dos... tres... ¿qué le hace ese palo a tu espalda?

—Como que lo rompe mucho, como que se quiebra, el dolor es muy fuerte.

—Eso es, siente cómo se quiebra...

—Es muy fuerte, es muy fuerte ese dolor —llora.

—¿Qué le hace a la espalda?

—Le impide el movimiento... Ahí en la parte de la cadera, en la columna... no sé...

—Tu alma sabe, lleva tu conciencia a la espalda. ¿Qué le hace a la espalda, si supieras?, lo primero que te aparece.

—Está rota.

—¿Qué le pasa a tu cuerpo cuando se rompe la espalda?

—Me pesa mucho.
—¿Dónde te pesa?
—Y, pesa ahí, porque yo estoy colgada de ahí y eso está roto y entonces es como que no tengo dominio del cuerpo, me cuesta levantarme.
—¿Qué parte de tu cuerpo pierde dominio, abajo o arriba, o todo el cuerpo, dónde?
—Todo, porque estoy colgada y tengo que hacer los movimientos y todo me cuesta mucho, me cuesta levantar los brazos, levantar todo el cuerpo para poder salir de esa posición...
—Eso, siente eso.
—Me cuestan mucho todos los movimientos.
—Libera todo eso, continúa.
—El dolor es mucho, tengo que levantarme —se levanta con mucho esfuerzo. Llora.
—Eso es, libera todo eso, y ahora vas a gritar y a decir todo lo que no pudiste decir en esa situación, en ese momento. ¿Qué necesitabas decir en ese momento? ¿Qué deseabas gritar? ¿Qué es lo que no pudiste decir?
—¡Ayuda, necesito ayuda! ¡Necesito ayuda! ¡Necesito ayuda! ¡Quiero que venga alguien que me ayude! —llora hasta liberar toda esa emoción, y se va calmando.
—Continua avanzando, ¿qué sucede entonces?
—Yo salgo, salgo sola arrastrándome, y me quedo afuera, tirada en el pasto. Y siento unos brazos que me levantan. Y siento que me llevan a un lugar, y es como que sería, no lo tengo muy claro, pero es alguien de la tribu que me encontró, por eso no tengo miedo.
—Eso es... sigue...
—Y... me van a curar... Y estoy acostada, y me curaron... estoy en reposo, pero estoy bien.
—Cuando cuente hasta tres, vas a ir al momento de tu muerte en esa vida, uno... dos... ya casi estas ahí, tres... ¿Qué estás experimentando? ¿Cómo muere tu cuerpo en esa vida?

—No sé, porque me veo en el mismo lugar donde me curaron. Estoy ahí donde me pusieron para curarme... ¡Es como que me quedé ahí!
—¿Qué le pasa a tu cuerpo?
—Está muy quieto. Estoy tranquila y como dormida.
—Ahí cuando estás dormida, ¿tu cuerpo está vivo o está muerto?
—Está muy quieto.
—¿Tu corazón late?
—No.
—Entonces, ¿está vivo o está muerto?
—...
—¿Tus pulmones, respiran?
—... No.
—Entonces, ¿tu cuerpo está vivo o está muerto?
—Está muerto.
—Y tú, ¿dónde estás? ¿Qué pasa contigo cuando muere tu cuerpo?
—... Estoy ahí, no puedo salir.
—Si supieras, ¿qué es lo que no te permite salir del cuerpo?
—No sé, miedo.
—Si supieras, ¿miedo a qué?
—Miedo a... miedo a morirme ahí... No sé...
—Si tu cuerpo está muerto tú tienes que salir de ahí. Sé consciente de que ese cuerpo ya se murió, que ya no te pertenece. Tienes que desprenderte de él para seguir tu camino, ir a la Luz. Ya no puedes quedarte ahí porque tu cuerpo ya se murió. Quita toda tu energía de ese cuerpo. ¿Puedes hacerlo?
—Sí.
—Eso, vamos a llamar a la Luz... Vas a buscar un rayo de luz que viene del universo, de Dios Madre-Padre, que te viene a buscar... ¿Puedes verlo?
—Sí.
—Entonces retira toda tu energía del cuerpo, de esa vida y de esas experiencias, llévala a la Luz. Pero antes vamos a reparar tu columna. Yo voy

a poner la mano para repararla —reparo toda la columna desde su cuerpo energético con sanación chamánica, uniendo lo que se había roto en la experiencia de esa vida—. *¿Cómo la sientes ahora? ¿Puedes sentir que circula toda la energía por la columna uniendo los pies con la cabeza, con el tronco?*

—Sí.

—*Eso es... entonces vas a llevar ahora toda tu energía hacia la Luz. Fíjate si hay otra parte del cuerpo que haya quedado lastimada, que haya que reparar.*

—El hombro.

—*¿Qué tiene el hombro?*

—Habría que colocarlo.

—*Voy a colocarlo* —lo coloco energéticamente, con maniobras de sanación chamánica—. *¿Sientes que está colocado?*

—Sí.

—*¿Cómo está ahora tu cuerpo?*

—Bien.

—*Entonces, vas a llevar toda tu energía hacia la Luz. Avísame cuando hayas llegado.*

—Ya está.

—*¿Cómo te sientes ahí en la Luz?*

—Bien.

—*Fíjate si puedes darte cuenta a qué se debe que pasaste por esta experiencia.*

—Tenía que aprender que "a veces hace falta el esfuerzo físico, a pesar del dolor".

—*¿Tu alma, o algún Maestro Espiritual te da algún mensaje para tu vida como Mariela?*

—Que "ya lo aprendí, que ya pasé por eso, y que no tengo necesidad de pasarlo otra vez".

—*Eso es, muy bien, es importante que seas consciente de esto, que re-*

cuerdes esto. Y ahora vas a elegir un color para envolverte. ¿Qué color eliges?

—Verde».

Concluyo, como en toda regresión, con la armonización para que se desprenda de todo ese pasado, y regrese a su *consciencia física habitual*, sintiéndose tranquila, relajada y envuelta en un profundo bienestar.

Los dolores de espalda de Mariela se fueron aliviando, ya no eran tan intensos, y ella siguió trabajando con otros síntomas para continuar su proceso evolutivo.

Adicciones

Los vicios, las adicciones, además de poder estar arraigados en una experiencia anterior ya sea de la infancia o de una vida pasada, han sido reforzados por cada repetición en esta vida hasta este momento, por eso requieren de mucha fuerza de voluntad para poder liberarse de ellos. Pero sabemos que la fuerza de voluntad sola generalmente no alcanza. Necesitamos de varios ingredientes para poder superarlas:

- Reconocimiento de que es una conducta autodestructiva.
- Una decisión interna fuerte de querer superarla.
- Contar con las herramientas y ayuda necesaria para lograrlo.

Muchas veces las experiencias difíciles de la infancia no justifican una adicción, por ello, por más que tratemos de sanarlas por los medios convencionales, a veces resulta insuficiente. Hay ocasiones, por no decir casi siempre, que la experiencia que origina la tendencia a la adicción o al vicio tiene su raíz en experiencias de vidas anteriores. Y aquí es donde es muy útil una regresión. «*En realidad, es el mismo concepto que viene repitiendo durante todo el libro*», pensarán mis pacientes lectores... Tal vez sea oportuno decir en este momento, que no estoy diciendo que la regresión sea la única herramienta para sanar todo tipo de dolencias, sino que dependiendo de lo que necesitemos sanar puede ser la más indicada, o complemento de otras terapias médicas, psicológicas y espirituales, ya que es muy profunda rápida, y eficaz.

Solo estaba en paz cuando estaba drogada...

Gonzalo vino a verme porque necesitaba superar su adicción a la cocaína, lo había intentado varias veces pero volvía a recaer, ya tenía familia y quería librarse de ese flagelo, aunque en parte lo tenía bastante controlado. Ya había hecho muchas terapias, y él aseguraba que la raíz del problema era la mala relación con su padre desde la infancia...

En la regresión pudo darse cuenta de que el problema sí estaba relacionado con la mala relación con su padre, pero no con su padre de *esta vida*, eso solo reactivó su trauma que ya venía latente al nacer.

Quedó muy sorprendido cuando al iniciar la regresión descubrió que era una mujer...

«*—¿Qué estás experimentando?*

—Estoy en un lugar oscuro solo... Sola, soy una mujer joven, tengo un camisón blanco..., miro por la ventana pero no siento nada..., no pienso nada...

—¿Dónde estás, cómo es ese lugar, qué puedes percibir?

—Es un lugar grande como un hospital medio viejo, pero no parece que estoy enferma parece que me dejaron ahí...

—Si supieras, ¿quién te dejó ahí?

—Mi padre.

—Cuando cuente hasta tres vas a ir al principio de esa experiencia, momentos antes de que tu padre te deje ahí... Uno... avanzando muy lentamente... dos... tres, estás ahí, ¿qué estás experimentando, qué es lo primero que te aparece?

—Siento desesperación... —comienza a llorar—, cierran las puertas... ¡no, no quiero, no quiero... no me dejen aquí!

—¿Quién te deja, te dicen algo?

—Me deja mi padre, no me dice nada... es muy frío... es muy malo...

—Y si supieras, ¿a qué se debe que te deje, estás enferma, te pasa algo?

—No, no estoy enferma, no tengo nada, solamente se quiere deshacer de mí.

—¿A qué se debe que se quiere deshacer de ti?

—No sé..., me parece que se quiere quedar con todo, está dejándome en un neuro-psiquiátrico, le pagó a alguien..., tiene mucho poder... Es el año 1940... ¡Me quiere hacer pasar por loca! Es para que yo no lo moleste, quiere tener todo para él... Le paga a un enfermero para que me tenga drogada todo el día.

—De toda esta experiencia, ¿cuál es el momento más terrible?

—Cuando me doy cuenta de que no voy a salir nunca más de ahí.

—Y cuando te das cuenta de que no vas a salir nunca más de ahí, ¿cuáles son tus reacciones físicas?

—Ya no reacciono, me entrego...

—Cuando ya no reaccionas y te entregas, ¿cuáles son tus reacciones emocionales?

—Siento paz porque estoy todo el día drogada..., anestesiada.

—Cuando sientes paz por estar todo el día drogada, ¿cuáles son tus reacciones mentales?

—Con la droga estoy en paz, no siento desesperación, no me doy cuenta de nada...

—Quiero que veas ahora de qué manera todo esto afecta a tu vida como Gonzalo, esto de "ya no reacciono, me entrego, con la droga estoy en paz", ¿qué te hace hacer?
—Escaparme de las situaciones…
—¿Y qué te impide hacer?
—Dejar de consumir droga.
—Para sacar todo esto, cuando cuente hasta tres, vas a volver a momentos antes de que te des cuenta de que nunca más vas a salir de ahí, y vas hacer todo lo que necesites hacer para liberar todo eso y liberarte de todas esas sensaciones para siempre… Uno… dos… tres».

Llora, grita, se enoja con el padre y golpea los almohadones que le acerco para liberar todo el enfado que tiene contra él. También recupera toda la energía que el padre le quitó diciéndole: «¡Devuélveme toda la energía que me quitaste!».

«—Cuando cuente hasta tres, vas a ir al momento de tu muerte en esa vida… Uno… dos… tres… ¿qué estás experimentando, cómo muere tu cuerpo?
—Muero joven, en la cama, inconsciente por tanta medicación…
—Ahora vas a ser consciente de que tu cuerpo se murió, que ya no te pertenece, quita toda tu energía de ese cuerpo y de esa vida, para poder llevarla a la Luz… ¿Puedes hacerlo?
—Sí, ahora es fácil, pero no me había dado cuenta de que mi cuerpo se había muerto, por eso una parte seguía por ahí, por esos pasillos del hospital y otra todavía dentro del cuerpo…
—Antes de ir a la Luz vas a escupir toda esa medicación, toda esa droga que todavía tienes dentro del cuerpo…».

Se sienta y escupe —energéticamente— toda la droga. Se recuesta nuevamente, y asciende a la Luz, donde se siente bien, recibido, en paz y en armonía. Como en toda regresión, le pido que elija un color para envolverse y desprenderse de toda esa experiencia, dejando todo completamente atrás. Realizo otra sanación energética, armonización de sus chacras y le ordeno que regrese a su *conciencia física habitual* en ese día.

Gonzalo estaba muy aliviado y ya con menos trabas para dejar su adicción. No solo su cuerpo se había hecho dependiente de la droga en 1940, sino que además, su psiquis había establecido una asociación inconsciente entre la droga y la sensación de paz. En su vida como Gonzalo una relación no satisfactoria con su padre reactivó la experiencia en aquella vida y esta *asociación entre paz, escapar de los problemas y la droga*. Podríamos decir casi con seguridad, que el patrón emocional que tiene que superar en esta vida, es su tendencia a no enfrentar los problemas.

Como pueden apreciar, mis amigos lectores, con la regresión no solo podemos sacar nuestra energía de donde está *atrapada* en esa experiencia que no pudimos resolver en el pasado, sino que además podemos darnos cuenta de cuál es nuestro *verdadero tema a trabajar en esta vida*. Es un patrón, una forma de funcionamiento inconsciente que —como un *software* en el ordenador—, está condicionando nuestra vida, y muchas veces es difícil descubrirlo a simple vista, porque está disfrazado por otros síntomas más superficiales, y hasta que no damos con este, es imposible cambiar en profundidad. En una regresión se desenmascara fácilmente, ya que el alma va directamente allí cuando le damos la orden de ir a la experiencia responsable del síntoma, al verdadero origen de nuestro malestar, para así, sanarlo de raíz.

14
Neurosis y regresiones

Así como debemos ser muy cautos, no solo con la Terapia de Vidas Pasadas y la Sanación Chamánica, sino con todas las herramientas de la psicología transpersonal, o psico-espiritual —como también podríamos llamarla—, para los casos de pacientes que padecen la enfermedad mental definida por la psiquiatría como psicosis; es, por el contrario, *una herramienta maravillosa para las así denominadas «neurosis»*. O sea, todo el resto personas que sufren distintos trastornos (pero poseen una estructura yoica formada sin alteración grave del sentido de la realidad). Son trastornos o crisis de ansiedad, fobias, TOC, neurosis depresiva, histéricas, ataques de pánico, angustias, trabas, soledad, pérdidas, repetición de patrones... En fin, cualquier padecer que no nos permita avanzar en la vida, sentirnos plenos y felices.

Una historia de ataques de pánico...

Joaquín, un hombre de cuarenta y siete años que vive en una ciudad de la provincia de Buenos Aires, me cuenta que tuvo una infancia dura, se crio medio solo. La relación con el padre era mediocre, la madre le pegaba mucho. Se quedaba solo por la noche porque los padres trabajaban hasta tarde. Tenía miedo, siempre dormía debajo de algo. Desde pequeño sufre ataques de pánico. Vino recomendado por una amiga en común. Me cuenta:

«—*No puedo dormir, por la noche varias veces termino en urgencias del hospital. Ya no sé qué hacer, practico yoga, tomo medicación, consulté psiquiatras, psicólogos y especialistas de toda clase, hasta que Ramona me vio tan demacrado que me dijo: "tú no puedes seguir así, yo te voy a recomendar algo que te va a parecer una locura: terapia de vidas pasadas". Al principio la saqué corriendo, ¡era una locura!... Pero al día siguiente le dije: "no puedo más, poneme en contacto con ella, por favor"*».

Y así fue como conocí a Joaquín. Su problema me resultó muy interesante, ya que los *ataques de pánico* son un flagelo de muchos, y una dolencia que sana muy rápido con la terapia de regresión, pero, paradójicamente, debido a los miedos propios de su síntoma, pocos se animan a consultarme, o de hacerlo, a enfrentarlos.

Joaquín me describe sus síntomas: «*Siempre son de noche: tengo taquicardia, sudoración, se me cierra la garganta, me desespero, me falta el aire, espero morirme... Me pasa todos los días. Tomo* rivotril *y algo para dormir. Sueño que me persiguen para matarme en el campo... Sufro de hernia de hiato por los nervios. De pequeño vivía en el hospital porque creía que me moría. Tengo ataques de pánico desde los 16 o antes, desde que un amigo murió porque su padre lo apuñaló*». Y continúa: «*Ramona me vio con muchas ojeras, me dijo que te viniera a ver... no podía seguir así, ya no duermo... Me dijo que me iba a recomendar algo muy loco, y así me pareció cuando me lo dijo, no creía en vidas pasadas ni en todo esto... pero... pero al final vine. Hace poco murió mi amigo, con el que me crié. Estoy cansado de estar mal, es como estar remando contra la corriente... No me puedo concentrar en nada, no puedo leer, ver tele, nada. Tengo permanentemente miedo a morirme... Hice todo tipo de tratamientos: psicólogo, psiquiátrico, yoga...*».

Le digo que no hace falta creer en nada, que solo se relaje, cierre los ojos, y me cuente lo que está experimentando.

«—Se me cierra la garganta... Me acuerdo de mi amigo al que apuñaló su padre... Estoy en un campo, por la ropa estamos en 1900... Llevaba unos pantalones bombachos o un pantalón viejo marrón clarito y alpargatas viejas de soga, una faja negra...

—Y si supieras, ¿dónde estas? La primera palabra que te aparezca...

—En una estancia pero muy vieja, como en tiempos pasados pero no hay nada de lo de ahora... Tengo manos grandes y callosas, las uñas sucias..., uñas de trabajador...

—¿Qué haces en esa estancia vieja?

—Sería trabajador.

—Cuando cuente hasta tres vas a ir al siguiente momento significativo en esa estancia... Uno... dos... tres...

—Estoy todavía parado en ese lugar con esa ropa...

—¿Qué sientes?

—Estoy mirando ese campo llano... Estoy tranquilo. Me estoy bajando... Estoy volviendo..., veo una cantera..., llevo los pies arrastrando...

—Cuando cuente hasta tres vas a ir unos días más adelante... Uno... dos... tres...

—Veo una cueva tipo iglú... No sé si vivo ahí.

—De toda esa experiencia..., ¿cuál es el momento más terrible?

—Me dijiste "terrible" y vi a un chico muerto al lado de la cueva...

—Cuando cuente hasta tres vas a ir a esa experiencia del chico muerto al lado de la cueva... Uno... dos... tres... ¿Qué estás experimentando?

—Soy el chico muerto.

—¿Cómo moriste?

—Degollado.

—Cuando cuente hasta tres vas a ir al principio de esa experiencia... antes de morirte... Uno... dos... tres...

—Un caballo que viene... alguien baja. Me degolló un paisano. Viene caminando con el cuchillo en la mano, yo no lo veo porque estoy de espaldas —lo ve su alma ahora.

—¿Qué sientes?
—Ardor en el cuello... Hay sangre... No puedo respirar.
—¿Qué sientes?
—Desesperación. Me agarra por detrás, me tuerce el cuello..., y me abre la garganta... Me caigo. Se mezcla la sangre con la tierra, y ahí me quedé, caigo muerto.
—Si supieras, ¿a qué se debe que te mató?
—Un ajuste de cuentas.
—¿Te transmite algo, dice algo antes o después de matarte?
—Ya he cumplido, dice el paisano. Si estoy muerto... ¿Cómo le veo irse? Lo miro sin poder hacer nada, estoy agonizando. Ahora me veo muerto, desde arriba.
—Al ver tu cuerpo sin vida, sé consciente de que ese cuerpo ya se murió, que no te pertenece, saca toda tu energía de ese cuerpo y de esa vida y llévala a la Luz, ¿puedes hacerlo?
—Me desprendo con fuerza, es como tirar de algo y salir de algo muy liviano, salgo por la espalda porque estoy boca abajo... Veo una luz blanca... se pega el alma a la luz blanca... y el alma se va con la luz...
—¿Qué sientes?
—Paz... llego donde no hay nada... solo está la luz».
Después de la armonización habitual, Joaquín abre sus ojos, asombrado ante lo vivido.

Dos semanas después me vuelve a ver...

«—Tengo menos miedo, solo me coge el miedo por la tarde, pero mucho menos miedo. Ya no tengo las manifestaciones físicas, solo el miedo en la cabeza, sólo es una idea ahora. Antes era miedo a morirme del corazón, ahora tengo miedo pero no se a qué...
—¿Qué sientes?
—Calor, tensión en los músculos..., a la tardecita casi todos los días...».

Lo induzco a una relajación profunda para llevarlo a la experiencia responsable de sus síntomas...

«—Estoy en una escalera de madera vieja que llega a una bodega toda oscura, estoy parado en medio, no puedo ir hacia ningún lado, no hay salida...

—¿Qué sientes cuando no hay salida?

—... Nada...

—¿Qué es ese lugar que no tiene salida?

—Un sótano pero no muy grande, muy sucio..., me quiero ir...

—¿Cómo eres?

—No me veo... Cuando termino esa escalera es un cuarto cerrado..., una puerta de madera vieja... Me acuerdo de lo que siento ahora todas las tardes en mi casa: siento miedo... y me voy a distraer con la televisión...

—Cuando cuente hasta tres vas a ir a la experiencia responsable de ese miedo... Uno... dos... tres... de este miedo que sientes antes de ir a ver la televisión para distraerte...

—Cuando llega la tarde, empiezo a sentir ese miedo, miro si mi amigo médico está despierto, pongo la camioneta apuntando a la salida, me fijo si hay alguien en casa que me pueda llevar al hospital si me pasa algo.

—Cuando cuente hasta tres vas a ir al momento en que sientes miedo, antes de distraerte... Cuando cuente hasta tres vas a ir a la experiencia responsable de todas esas sensaciones u otras similares... uno, yendo muy lentamente, dos... tres, estás ahí, ¿qué estás experimentando?, ¿dónde estás?

—En el cuarto mirando televisión...

—Vas a ir antes de ir a tu cuarto mirando televisión... Cuando estás sintiendo ese miedo, acomodas la camioneta... ¿Haces esto como si fuera a pasar qué cosa?

—A... ver... ¡Ah! Me falta el aire...

—Sientes cómo te falta...

—No, es que no me falta, tengo miedo de que me falte.

—¿Y qué podría pasar si te empieza a faltar el aire?
—Nada. Te desespera...
—Habla en primera persona, me desespera... ¿y qué podría pasar?
—Saldría para el hospital.
—¿Qué te podría pasar para que salieses hacia el hospital?
—Es esa falta de aire..., no, yo pensaba que tenía cáncer de pulmón...
—Cuando cuente hasta tres te vas a dejar llevar como si te metieras en el túnel del tiempo y vas a ir a la experiencia responsable de imaginar que tienes cáncer de pulmón... Uno... Imagina que vas para atrás en el tiempo..., atrás como si fueras a la adolescencia, infancia, nacimiento..., un momento antes de ésta encarnación..., retrocediendo más y más a la experiencia responsable de sentir que podrías tener cáncer de pulmón, tres..., estás ahí en esa experiencia..., ¿qué es lo primero que te aparece?
—Estoy en un hospital con una máscara de oxígeno... No puedo respirar bien...
—¿Cómo eres?
—Hombre, más grande que ahora..., canoso... Estoy en el hospital de mi pueblo de donde estoy viviendo ahora —de su vida actual—. Me estoy haciendo un tratamiento... Estoy en la sala de espera con mucha gente..., estoy internado..., por la enfermedad.
—¿Qué enfermedad tienes?
—Cáncer.
—Sigue... ¿Qué sientes?
—Triste... No hablo con nadie... Es invierno...
—¿Tienes familia?
—Estoy solo.
—¿A qué se debe que estés solo?
—No tengo familia. Estoy con gente que no conozco y no hablo... Es de noche... Estoy con otro enfermo pero no sé quién es... Siento que no voy a salir de ese lugar. Estoy resignado a terminar mi vida ahí.

—¿Y qué te hace sentir eso?
—Tristeza.
—¿Qué te gustaría hacer para liberar esa tristeza? ¿Necesitarías decir algo...?
—Nada.... Ya llevo tiempo ahí...
—¿Qué sientes?
—*Transpiración, me pongo de costado y me acurruco, como una cucharilla... Te pones así...* —me lo muestra poniéndose en posición fetal—. *Cuando ya estás mal..., tienes palpitaciones..., te pones de costado y se te pasa...* —tose—. *Estoy mal pero... Estoy solo... Mucha agitación...*
—¿Qué más sientes?
—Como que ya no te queda mucho tiempo de vida, ¿no? Que no estoy en mis cabales, que estoy muy enfermo, que no puedo pensar...
—De toda esta experiencia, ¿cuál es el momento más terrible?
—Que te vas a morir pero solo —voz triste.
—Cuando sientes que te vas a morir pero solo, ¿cuáles son tus reacciones *físicas*?
Muy lentamente va describiendo su muerte:
—Nada... No puedes pensar... Nadie viene a ayudarte... Te das la vuelta... Vas cerrando los ojos..., respirando suave..., se va parando todo...
—Sigue... ¿Qué más va pasando?
—Empiezas a no poder respirar más, a hacer mucha fuerza para que entre aire... Te empiezas a rendir...
—Sigue avanzando...
—Te terminas muriendo...
—¿Qué pasa contigo cuando se muere tu cuerpo?
—Sientes el ahogo...
—¿Qué sientes cuando te ahogas?
—Como un bebé que quiere hacer algo y no puede...

—¿Qué quieres hacer y no puedes?
—Respirar...
—¿Qué sientes cuando quieres respirar y no puedes?
—Que hago mucha fuerza, abro la boca y no entra el aire..., así vas dejando esa vida...
—¿Cómo la vas dejando?
—Solo, siempre solo... Ya estoy muerto.
—¿Puedes ver tu cuerpo desde algún lugar?
—Sí.
—¿Desde dónde?
—Del lado de la cama.
—¿Qué sientes cuando ves tu cuerpo?
—No, nada, lo miro.
—¿Sientes algo cuando lo miras?
—No.
—¿Ya no sientes nada más?
—No.
—Quiero que seas consciente de que ese cuerpo ya se murió, que no te pertenece, quita toda la energía de ese cuerpo y llévala a la Luz, ¿necesitas hacer algo antes de dejar esa vida?
—No.
—¿Estás listo para ir a la Luz?
—Sí.
—Entonces percibe cómo un rayo de luz que viene de la fuente de la Luz de Dios Madre-Padre te viene a buscar... ¿Puedes percibirlo?
—Sí.
—Sigue ascendiendo hasta que llegues a la Luz y avísame cuando hayas llegado... —toco una campanita.
—Es como una nube con un rayo, una nube de luz...
—Síguela, ¿hasta dónde te lleva?
—Está viniendo... Es hermosa e ilumina todo ese cuerpo...

—¿Qué más?
—Ya no está... Yo me quedé... No entiendo... Yo era el que estaba enfermo..., y ahora estoy parado al lado de la cama...
—¿Qué sientes?
—Confusión, no entiendo.
—Si supieras, ¿a qué se debe que estés parado al lado de la cama?
—La cama está vacía. Se llevaron el cuerpo...
—¿Y qué pasa contigo cuando no ves más tu cuerpo? ¿Qué sientes?
—Nada...
—¿Y a dónde vas...?
—A ver... No sé...
—Tu alma necesita ir a la Luz para descansar...
—Ahora viene otra luz, como un rayo grande muy fuerte...
—Sigue...
—Se me llevó..., lleva lo que estaba dentro del cuerpo..., lo que estaba mirando la cama...
—¿Lo lleva a la Luz?
—Sí... Es como que se lleva el alma de ese cuerpo...
—¿A dónde lo lleva?
—Se lo lleva..., lo deja en un lugar..., y aquí flota..., como si fuese el espacio...
—¿Cómo te sientes?
—Bien..., en paz..., como que el cuerpo no lo siento más...
—Vas a elegir un color para envolverte... ¿Qué color eliges?
—Blanco... como el del lugar donde estoy...
—Sientes como la vibración del color blanco va envolviendo todo tu cuerpo por dentro y por fuera, sanando todo tu ser».

En la sanación que sigue a la armonización, termina de borrarse todo registro de enfermedad.

El resultado fue que, después de la primera regresión, Joaquín durmió *tres días seguidos*; y después de la segunda, pudo dejar sus médicos, psiquiatras, psicólogos y su medicación, y tener una vida totalmente normal sin rastro de su dolencia.

¿Por qué me cuesta tanto adelgazar?...

La problemática relacionada con la comida, un mal tan extendido.... Podemos encontrarnos, al hacer la regresión, con las causas responsables de esta conducta:

Lucía, una mujer que asistía a uno de mis *Talleres de Sanación*, donde frente al grupo que se reúne todo el año, realizo la regresión individual a cada uno, teniendo de testigos y soporte a sus compañeros, pide trabajar su «*dificultad para adelgazar*».

«—¿Qué necesitas trabajar?

—*Saber por qué engordo..., por qué lleno mi cuerpo con comida.*

—¿Qué sientes antes de comer?

—*Angustia.*

—¿Dónde sientes la angustia?

—*En el estómago.*

—¿Qué sientes en el estómago?

—*Siento vacío..., miedo..., se aprieta.*

—Cuando cuente hasta tres vas a ir a la experiencia responsable de esa angustia, vacío, miedo... o sensaciones similares... Uno... dos... tres, ¿qué estás experimentando?

—*Abandono..., como en un tren..., un andén..., todos se van y yo me quedo.*

—Cuando cuente hasta tres, vas a ir al principio de esa experiencia... Uno... dos... tres...

—*Tengo diez años, soy una niña... estoy en Rusia... Hay peligro..., como una revolución, mi padre está preso..., no vuelve más el Zar..., la Duma..., algo así..., la Duma..., no sé qué es... revolución rusa... Vamos por miedo a los bolcheviques... Los rusos invaden Checoslovaquia..., pero cuando vamos a la estación, está mi madre... Sube al tren y nosotros no, el tren se va y yo me quedo... nos quedamos con los sirvientes.*

—¿Qué sientes?

—*Lloro... Angustia..., ya no hay nada más que hacer... Mi madre nos dejó... Nos vamos con los sirvientes a su casa en el campo... ¡Por eso el campo me da tristeza!* —refiriéndose a su vida actual.

—*Sigue avanzando.*

—*Ellos nos cuidan, la señora es gorda, me da mucho cariño, siempre hay un olor rico, a comida en la cocina... ¡La comida tapó mi angustia! ¡Ahora lo entiendo!*

—*Cuando cuente hasta tres, vas a ir a la siguiente experiencia significativa en esa vida... Uno... dos... tres.*

—*Tengo setenta años y me estoy muriendo rodeada de mi familia... Viví como campesina y tuve una vida feliz.*

—*Si supieras, ¿a qué se debe que te abandonó tu madre? ¿Hay algo que necesites preguntarle o decirle antes de dejar esa vida?*

—*No. Sé que mi madre me dejó con ellos porque ahí estábamos más seguros... Igual no tenía tanta relación con ella... Me criaron los sirvientes...*

—*Igual, pídele que te devuelva la energía que consciente o inconscientemente te quitó al dejarte.*

—*Mamá, devuélveme toda la energía que me quitaste... También me quiero sacar el enfado...* —golpea el almohadón que le sostengo delante—. *Ya estoy en paz con ella.*

—*Sé consciente de cómo va muriendo tu cuerpo..., desprendiéndote definitivamente de esa vida y ese cuerpo.*

—*Sí, ya estoy subiendo a la Luz... Siento paz... Mi madre me recibe».*

Lucía había establecido una asociación inconsciente entre *el ser cuidada, protegida y amada*, con la comida. El olor a comida transformó la angustia con la que había llegado en una sensación placentera. Entonces, en esta vida, cuando necesita sentirse bien, querida, protegida, come, repitiendo inconscientemente el patrón aprendido en esa vida. Pero, al mismo tiempo, extrañaba su hogar y sus padres. Por ello necesitó también trabajar en la regresión, la *sensación de vacío* por el abandono. Al comprender, en la regresión, que su madre los dejó para salvarles la vida en épocas de revolución, y que su padre estaba preso, pudo perdonarlos y sentirse amada, llenando así ese *vacío emocional* que la hacía comer.

15
Regresión a distancia

Lo habitual y recomendable es que cada uno haga su propia regresión en forma presencial y participando activa y conscientemente del proceso. Pero cuando, por algún motivo, la persona que lo necesita no puede asistir personalmente, por distancia, enfermedad, discapacidad, etc., con su consentimiento expreso, muchas veces es posible hacerla, como si estuviera presente. ¿Cómo lo hacemos? A través de otra persona que tendría el rol de *sujeto intermediario*. Esta persona puede ser un profesional que colabora con el terapeuta, o alguien que viene a la consulta queriendo sanar no su problema, sino el de otro que está incapacitado de asistir.

Considero que hay que utilizar la *regresión a distancia* solo cuando es realmente necesario, hay que ser muy prudentes, y contar con la aprobación de la persona que necesita ser sanada, porque no tenemos derecho a inmiscuirnos en el proceso evolutivo de otra persona, ni siquiera en su sanación, si esta no quiere. Recuerden lo que relatamos sobre el *rol del rescatador*, personas que tienen la tendencia de salvar a todo el mundo, incluso a quien no quiere ser salvado, o que necesita hacerlo por sí mismo.

La pregunta que muchos hacen es: ¿Y si está en coma? En esos casos, como en casos de menores, dan la autorización los tutores o responsables, y entonces los sanadores, psicólogos, médicos, etc., ya tienen la autorización tácita con respecto a sus pacientes.

Y a pesar de todas estas recomendaciones, una vez iniciado el proceso, le volvemos a preguntar al alma, tanto del *sujeto intermediario*, como de la *persona a sanar* «*si es conveniente para ella, hacer este trabajo ahora*», y si la respuesta es negativa, no lo hacemos. Si la respuesta es afirmativa, le ordenamos al *sujeto intermediario* que traslade parte de su conciencia hacia donde se encuentra la persona que necesita la regresión a distancia. Al terminar el trabajo, le digo al *sujeto intermediario* que regrese su consciencia a su cuerpo y concluyo con una armonización, para que ambos se desprendan de lo sucedido.

Mi hija es hipocondríaca... ¡Ya no sé qué hacer!...

Mercedes, una mujer de 56 años, está preocupada por su hija.

«—*Victoria es hipocondríaca y yo no sé a qué médico más tiene que ir..., porque ya se hizo todos los estudios habidos y por haber. Se busca las enfermedades, las somatiza. Pero no se anima a hacer una regresión todavía, ¿puedo ayudarla de alguna forma?*

—Probemos hacer una regresión a distancia a ver qué pasa. Tú actuarás como sujeto, y ella hará la regresión a través tuyo.

—*¿Se puede? ¿Aunque ella no esté aquí?*

—Sí, porque vamos a trabajar trasladando tu consciencia al campo energético de ella y, allí, le dirás que "puede usar tus cuerdas vocales para hacer su regresión". No te preocupes, tú ya tienes experiencia en regresiones, acuéstate, reájate y sigue mis órdenes».

Tras una breve relajación guiada, le digo:

«—Pregúntale a tu Ser Superior si está bien para ti prestar tu cuerpo para que Victoria pueda hacer su regresión —responde afirmativamente—. Entonces... Cuando cuente hasta tres vas a enviar parte de tu consciencia al lugar donde se encuentra en este momento Victoria... Uno... dos... tres... ¿Llegaste? —responde afirmativamente—. Entonces ahora, le vas a preguntar al alma de Victoria si está bien para ella hacer una regresión a través tuyo.

—Me da la impresión de que dice que sí.

—Entonces, a la cuenta de tres, vas a permitir que ella utilice tus cuerdas vocales para comunicarse conmigo y hacer así su regresión a la experiencia que necesita trabajar para sanar su hipocondría... Uno... dos... tres... Ahora Victoria, puedes expresarte a través de las cuerdas vocales de Mercedes para comunicarte conmigo. Vas a ir a la "experiencia responsable de tus miedos, de tus enfermedades", y me vas a contar lo que estás experimentando... Uno... dos... tres...».

Victoria, a través de Mercedes:

«—Estoy en otra vida. Hay ratas que están saltando en un pozo, dentro de un pozo que está lleno de bichos y me quieren coger. Me parece que me tiran, veo una mujer que está mirando hacia abajo con una túnica blanca.

—Cuando cuente hasta tres vas a ir al principio de esa experiencia... Uno... dos... tres... ¿qué estás experimentando?

—Estoy en un templo en las montañas, veo un haz de luz, hay una ceremonia donde todos van caminando hacia un pozo más grande. Siento que soy una mujer que está ahí para iniciarse. Tenía que tirarme pero yo sabía que iba a morir. Me acerqué al pozo, y me paré en el borde.

—¿Cuáles son tus pensamientos en ese momento?

—Tirarme hacia abajo; había bichos.

—¿Qué sientes?

—Voy cayendo despacito y me golpeo la cabeza, como que caigo así de cabeza y me da asco y miedo, no me puedo mover porque me da miedo todo: las cucarachas, culebras, ratas, todos los bichos. Mi cuerpo se va quedando duro de miedo, se va endureciendo, petrificando, no sé.

—¿De esta experiencia cuál es el momento más terrible?

—Cuando los bichos están caminando sobre mí y estoy totalmente rígida.
—Cuando los bichos están caminando sobre ti y estás totalmente rígida, ¿cuáles son tus reacciones físicas?
—Me paralizo.
—Cuando te paralizas, ¿cuáles son tus reacciones emocionales?
—¿Para qué me habré tirado?
—Cuando dices "para qué me habré tirado", ¿cuáles son tus reacciones mentales?
—Cojo todas las enfermedades.
—Y esto de "cojo todas las enfermedades, para qué me habré tirado, me paralizo", ¿de qué manera afecta a tu vida como Victoria?
—Siento que cojo todas las enfermedades... Me da miedo...
—Cuando cuente hasta tres vas a ir al momento de tu muerte para desprenderte definitivamente de todo esto... Uno... dos... tres.
—Muero en el pozo, y mi cuerpo se lo comen los bichos.
—¿Qué sucede con tu alma al morir el cuerpo?
—Se queda ahí... Es por la iniciación... No sé...
—Observa tu cuerpo ya sin vida, y sé consciente de que tu cuerpo ya se murió, que no te pertenece, quita toda tu energía de tu cuerpo y de esa vida y llévala a la Luz, mientras yo reparo tu cuerpo y sacamos todos los bichos —extraigo los bichos de su campo energético con técnicas chamánicas.
—Ya llegué. Siento paz.
—Elige un color para envolverte, ¿qué color eliges?
—Azul.
—Siente cómo la vibración del color azul envuelve todo tu cuerpo, por dentro y por fuera, eliminando todo residuo de esta experiencia pasada, borrando las imágenes, apagando las sensaciones y emociones y trayendo una nueva vibración a tu vida como Victoria... Y ahora Mercedes, vas a traer nuevamente tu consciencia a tu cuerpo físico, uno... dos... tres... y

elegirás un color para envolverte... y regresar a tu consciencia habitual como Mercedes...

—Violeta.

—*Percibe la vibración del color violeta que envuelve tu cuerpo sanando, limpiando, purificando todo tu ser y volviendo así a tu consciencia física habitual en tu cuerpo como Mercedes... en este día... Uno... dos... tres».*

Los tibetanos dicen que nuestro último pensamiento antes de morir influye de forma decisiva en la vida siguiente. No estoy segura de que sea necesariamente en la vida que continúa cronológicamente, pero sí en aquella «*donde se den las condiciones necesarias para reactivarlo*». Su madre me contó que ella le había trasmitido *muchos miedos* a su hija desde pequeña, siempre temía que le pasara algo malo. Eso es suficiente para reactivar algo que esté latente (aunque sea de una vida anterior). Y así, ese pensamiento al caer en el pozo en aquella vida, reactivado por los miedos que le pasó la madre en su vida actual, se transformó en una creencia: «*cojoo todas enfermedades*» (hipocondría).

¿Qué es lo que realmente sucede aquí? Yo creo que es el alma de Victoria (la persona que necesita la regresión), la que realmente se manifiesta a través de Mercedes (o sujeto intermediario). Es como si Victoria hubiera hecho la regresión personalmente.

Estar abierto a nuevas posibilidades

Nadie me enseñó a hacer la *regresión a distancia*. Me encontré con este fenómeno de casualidad haciendo una regresión a una paciente, que de pronto comenzó a hablar *como un hombre*, era su marido estando vivo, pero no estaba en su campo energético como una *ener-*

gía de gente viva adosada era un fenómeno nuevo: *era él mismo haciendo una regresión a través de ella*. A partir de esta experiencia, incluí esta forma de trabajo en mis prácticas y enseñanzas en el *Curso de Formación en Regresiones*.

Mercedes me comentó días más tarde que su hija estaba mucho más tranquila. Al poco tiempo vino Victoria personalmente a verme para hacer una regresión. La sanación que recibió en la *regresión a distancia* la liberó de las trabas y los miedos paralizantes que le impedían acudir ella misma y enfrentar su problema, involucrándose más conscientemente en su proceso.

16
Experiencias de las almas en la Luz

Veamos algunos ejemplos de la *experiencia directa del alma* en un estado de mayor comprensión y sabiduría en el espacio o dimensión, llamado *La Luz*, o *Espacio entre Vidas*, *el Cielo*, *Mundo de Arriba* o *Mundo de Abajo*..., etc.

En el *momento antes de venir a la Tierra* antes del nacimiento, estamos en esa dimensión espiritual, donde las almas *preparan su «plan de vida»*. Allí, los Maestros nos ayudan a decidir las experiencias que necesitamos para nuestro aprendizaje en esta nueva vida, las personas con quienes compartiremos estas experiencias, el lugar más conveniente, etc.

Y es también la dimensión a la que van las almas después de dejar el cuerpo físico después de la muerte. Nadie se convierte en un sabio, un iluminado o un maestro cuando muere, ya que necesita seguir evolucionando; pero sí, puede percibir desde una perspectiva mayor lo sucedido en esa vida que acaba de terminar; comprender la experiencia que acaba de vivir desde el punto de vista de su alma; tiene una comprensión más amplia, una percepción más espiritual.

Como ya hemos visto en las regresiones anteriores, al morir su cuerpo, el alma se eleva a la Luz. Lo primero que percibe es una sensación de bienestar y paz. Y luego necesita hacer la evaluación de su aprendizaje. No hay un juicio que lleva a la condena o al Paraíso; hay una autoevaluación asistida por los propios Guías Espirituales. Comprende lo experimentado en la vida que acaba de dejar, analiza si logró lo que se había propuesto; qué le falta por aprender, y qué necesita hacer en su próxima vida (que en el caso de la persona que está haciendo la regresión, es su vida actual).

El valor de los mensajes recibidos en el Espacio Entre Vidas o la Luz es que poseen una sabiduría que los hace universales. Además del mensaje individual, nos encontramos con una enseñanza simple y profunda que nos sirve a todos. Ya hemos visto varios ejemplos, estos son solo algunos más:

Nada es tan terrible...

Verónica no puede formar pareja, ya que *escapa* del compromiso.

En la regresión experimenta una vida anterior en la que *verdaderamente escapa de una relación* con alguien a quién amaba y con quien se iba a casar. Antes del matrimonio, es víctima de una violación por parte de otro sujeto, y por vergüenza escapa del pueblo sin decirle nada a su novio. Al morir en aquella vida, en la dimensión de la Luz dice:

«—*Aprendí que nada es tan grave, que todo se transforma, que venimos a aprender, que tenía herramientas para sobrellevarlo y no lo hice. Esa vida me sirvió para ver que nada es tan terrible, que hasta en lo peor que te pase siempre hay una luz, siempre algo sale que hace que nos paremos en otro lugar y veamos que todas son vallas, son cosas que nos pone la vida que hay que pasar, nada es estático.*

—*¿Quién te dice eso?*

—*El Arcángel Gabriel*».

Aprendí a ser valiente...

Guillermo revive una experiencia en una vida anterior en la que fue un vikingo «*grande, fuerte, valiente, con trenzas y pelo rojizo*». En un barco lo acuchillan y lo tiran al mar. Cuando su cuerpo muere, siente que se eleva y es llevado por una luz blanca. Allí lo reciben:

«*—Ya pasó, me están tranquilizando unos seres luminosos de pelo largo y túnica blanca, que me trasmiten mucha paz... Veo luz... Tenía que aprender a ser valiente... Morí sin miedo... No tuve miedo, ahora tengo que volver aquí*».

Reencuentro con la familia...

Viviana es una mujer de mediana edad, se siente muy sola y tiene mucha dificultad para formar pareja, tiende a rechazar o se siente rechazada. En la regresión revive una vida en la que es una joven que decide quedarse en su casa y no ir a una fiesta con su madre, padre y hermanos. Al regreso, el carruaje que traía a su familia se cayó al agua al romperse el puente cuando pasaban, y todos murieron al caer al río. Al morir ella muchos años después, su alma llega a la Luz y la describe así:

«*—Hay mucha luz, no es un espacio físico, siento mucha paz, estoy feliz, está toda mi familia. Tenía que aprender a escuchar lo que dicen los demás. Yo debía haber ido a la fiesta y no quise porque era testaruda y me quedé sola... Igual que ahora* —vida actual— *tengo que aprender, superar esa tendencia*».

Dos angelitos me llevan a pasear...

Paula dice que tiene desde siempre una «*sensación de no sentirse querida*».

En la regresión, después de morir en una vida anterior en un campo del *Lejano Oeste Americano*, con el cuerpo cansado e inmóvil por la edad avanzada, después de una vida muy solitaria y sin amor; al ascender a la Luz experimenta lo que su alma necesita para sanar en su vida actual:

«*—Miro el cuerpo desde fuera y pienso, ¡qué alivio!... Menos mal que se murió el cuerpo, estaba muy vieja y no me podía mover más, estaba en una mecedora... Ahora me voy y estoy caminando por un campo verde de la provincia de Buenos Aires... Estoy contenta, bailo, canto... hay estancias...*

—*¿Eso es en la Luz o en otra vida?*

—*No, en otra vida...*

—*Entonces cuando cuente hasta tres vas a volver al momento en que muere tu cuerpo en esa vida como anciana que está sola... Uno... dos... tres... y vas a permitir que tu alma ascienda a la Luz...*

—*Voy subiendo despacio... ya he llegado. Estoy en un lugar cálido, luminoso, tranquilo, pacífico...*

—*¿Puedes percibir alguna "presencia", alguien que se acerque?*

—*Angelitos..., dos angelitos me vienen a buscar, me llevan a pasear, a caminar por las nubes...*

—*¿Qué sientes? ¿Te transmiten algo?*

—*Me trasmiten alegría, siento placer, gozo... ¡Nada que ver con esa vida!*».

Al terminar la regresión, esa sensación de alegría y gozo y ser bien recibida y querida, permaneció con ella, sanando su síntoma actual.

Confiar en el orden del Universo...

Azul ya hizo varias regresiones, y esta vez, necesita superar su miedo al cambio. En la regresión revive una vida bastante cercana cronológicamente a su vida actual: es una joven que se queda huérfana y es adoptada por una pareja que sueña para ella una vida segura, tranquila, casada con alguien de buena posición social y económica como ellos. Pero ella siente la llamada de ayudar, de ser enfermera en una guerra, o algo similar. Como teme defraudarlos, no sigue su vocación y se queda con ellos hasta que mueren; entonces dona su dinero y dedica el resto de su vida a una fundación para ayudar a niños en África. Pero a pesar de ello no se siente del todo feliz. Veamos que sucede cuando muere:

«—*Llegó el momento.*

—*¿Qué sientes? ¿Tu corazón late? ¿Tu cuerpo está vivo o muerto?*

—Muerto.

—*¿Qué pasa contigo cuando muere tu cuerpo?*

—Veo la Luz que ya me viene a buscar...

—*¿Cómo ves la Luz?*

—Es la más brillante que vi. Llega desde mí hacia arriba, ni siquiera la tengo que ir a buscar... Está sobre mí...

—*¿Qué haces entonces cuando ves esa luz?*

—Siento una paz... y estoy muy contenta..., pero siento que no fui feliz en mi vida, ahora —vida actual— tengo que aprender a ser feliz... y disfrutar cada día... que siempre hay algo interesante que hacer... Todo el tiempo se puede disfrutar... Lo tengo pendiente desde hace muchas vidas...

—*¿Qué necesitarías hacer en tu vida como Azul para "disfrutar y ser feliz"?*

—Entregarme al camino.... Dejarme fluir...

—*¿Cómo sería?*

—No hacer fuerza para que salga, que todo fluya, confiar..., confiar..., confiar en el orden del Universo, que si uno está en armonía..., confiar, entregarme a fluir en el orden del Universo... Me costaba tanto ...

—*¿Sientes que queda algo pendiente en esa vida?*

—*No, ya me fui.*

—*¿Dónde estás?*

—*A mí siempre me recibe un señor con barba, el que me va guiando vida tras vida... Esta vida no es tan lejana a mi vida como Azul... Entonces parece que tiene que ver más con esta... Mi alma está agotada..., está agotada a pesar de que subió... El alma está acostada, descansando...*

—*¿Cómo es el lugar donde descansas?*

—*Es un lugar de reflexión, ya estuve ahí..., es como un* impasse, *es un lugar de mucha luz, y en la tierra sería como una "sala de espera"... y siempre hablo con este señor de barba..., y está mi ángel de la guarda...*

—*¿Qué te dice?*

—*Está contento porque logré algo que es importante que no podía lograr porque estaba frenada...*

—*¿Lograste hacer lo que tenías que hacer en esa vida?*

—*Sí... y nos conectamos, no necesitamos hablar, él está contento, yo sé que está contento..., y yo estoy contenta...*

—*¿Y a qué está esperando?*

—*Está esperando a que me reponga porque quiere ir por más. Él siempre me propone el camino y yo lo acepto..., y quiere ir por más...*

—*Cuando cuente hasta tres vas a ir al momento en el que ya te repones y él te propone el camino para tu vida como Azul... Uno... dos... tres, estás ahí... ¿Qué estás experimentando?*

—*Estoy en el lugar desde donde tengo que partir para la experiencia... Es un tubo de luz donde entro y salgo de todas las experiencias. Todavía no estamos decididos, no es el momento pero estamos viendo...*

—*¿Cómo lo ves?*

—*Me tengo que dedicar a un camino de luz, espiritual...*

—*Cuando cuente hasta tres vas a ir al momento en el que ya estás planeando* —*su vida actual*—. *Uno... dos... tres... estás ahí ¿qué estás experimentando, qué eliges, qué te aconsejan?*

—*Es todo muy sutil, es difícil...*

—Si supieras, ¿qué eliges para tu vida como Azul, de qué manera trabajarías el camino espiritual?

—Aquí estoy un poco más atrás, en una reunión..., y entiendo perfectamente lo que me están diciendo...

—¿Quiénes te lo dicen?

—Estos sabios..., hay varios, son Guías Espirituales... Me dicen que yo todavía tengo que... me están diciendo lo que tengo que sortear para seguir mi vida espiritual... Mi destino es el camino espiritual pero tengo un obstáculo que descubrir y es el desafío en esta vida.

—Cuando cuente hasta tres vas a ir al momento en el que escuchas claramente cuál es el desafío en esta vida... Uno...

—Tengo que desapegarme, tengo un ego... Tengo que trabajar, tiene que ver con la autoestima, tengo que desapegar lo que es el Ser, el alma, lo trascendente de lo mundano, estoy apegada a lo mundano...

—¿Qué eliges para lograr desapegarte a lo mundano, qué experiencia eliges atravesar para lograrlo?

—De pequeña tuve la oportunidad cuando no tenía nada, y me aferré a lo material y siempre me fue negado... Nunca lo tuve y me aferré a lo material..., que alguien se haga cargo de mi vida en vez de elegir la evolución.

—¿Qué necesitarías hacer ahora?

—Estar más en contacto conmigo... Yo siento el bienestar cuando hago este tipo de trabajos —espirituales, de sanación—, y me conecto... Después me metí en una vida frívola y me iba de adentro mío, tengo que volver a mí, tengo que volver a mí.

—¿Algo más? ¿Te dice algo más tu alma que tengas que saber en este momento?

—Que tengo que ser muy cuidadosa porque de mí depende fracasar o no en este nuevo camino, y tengo que confiar en mí...

—¿Tienes que tener cuidado de algo en especial?

—De los miedos de no confiar, me dicen que salte... que no me va a faltar nada, que no me va a pasar nada malo, que voy a tener todo lo que necesito.

—¿Algo más necesitarías saber?
—No, nada más...
—Entonces vas a elegir un color para envolverte...».

Arriba todo está unido...

Jaime revive una vida anterior en que fue apresado por los nazis siendo un niño, y enviado junto a su familia a un campo de concentración. Siente mucha tensión, miedo, hambre y cansancio. Muere mientras duerme y los soldados tiran su cuerpo en una fosa común. Su consciencia no registró que había muerto y se sentía vivo en la fosa, igual que muchas otras almas que todavía permanecían junto a sus cuerpos ahí. En la regresión al hacer consciente su muerte, pudo partir a la Luz, ayudando también a las otras almas a partir con él. Así lo describió:

«—... Y una luz como torbellino limpió el lugar...».
Y ya en la dimensión espiritual de la Luz:
«—Se acercan unos seres luminosos y me dicen que me relaje, que lo que abajo parece tan separado arriba está unido. Hasta los soldados están aquí arriba».

Planificando un dolor muy grande...

Cuando una persona no encuentra sentido a su vida, o siente que está *desganada*, o pasó por una experiencia de pérdida, enfermedad, algo muy doloroso que no termina de aceptar o entender, es muy sanador que tome consciencia de lo planeado para esta vida, que recuerde el camino elegido o aceptado antes de nacer. Escuchemos a Candelaria:

«—Cuando cuente hasta tres, vas a ir a momentos "antes de encarnar en esta vida", cuando estabas preparando tu proyecto de vida... Uno... dos... tres... ¿qué estás experimentando?

—Estoy en el "espacio entre vidas" con pocas ganas de ir a una vida, sé que va a ser difícil, que no me va a gustar, va a ser una vida difícil.

—Si supieras, ¿traes algo pendiente de otras vidas?

—Vengo a evolucionar y ayudar a otros.

—¿Hay algo específico que vengas a hacer?

—Abrirme a los demás, me cuesta conectarme. Trabajar el ego, que se te viene abajo cuando te pasa algo difícil.

—¿Sientes que alguien te ayuda a elaborar el "plan de vida"?

—No, estoy sola en el espacio.

—Cuando cuente hasta tres vas a ir al momento en que eliges a tus padres... Uno... dos... tres... ¿cómo los eliges, a qué se debe que escojas a estos padres?

—Papá me gusta mucho, me da seguridad y de mamá me gusta su conexión con la naturaleza, me va a dar libertad, me gusta, me va a dar espacio para hacer lo que tengo que hacer.

—Sigue avanzando... al momento en que encarnas como Candelaria...

—Tengo la sensación de que estoy "afuera", mamá parece angustiada, le gustaría ser madre pero no puede en este momento... tiene muchos problemas. Me siento fuera todo el tiempo, ningunas ganas de estar ahí. No me quiero encajar con la angustia de ella, "no me quiero meter ahí".

—¿Cuál es el momento más difícil de esta experiencia?

—Cuando estaba sola en el espacio.

—Cuando estás sola en el espacio, ¿cuáles son tus reacciones físicas?

—Encogerme como un bollito.

—Cuando te encoges como un bollito, ¿cuáles son tus reacciones emocionales?

—No me quiero meter ahí, no tengo ganas de ir.

—Cuando no te quieres meter ahí, ¿Cuáles son tus reacciones mentales?

—No me queda otra.

—Esto de "encogerme como un bollito, no tengo ganas de ir ahí, no me queda otra", ¿qué te hace hacer en tu vida como Candelaria?

—Me cuesta abrirme a los demás, no tengo ganas de ir a ningún lado, me quedo en mi casa, no quiero salir.

—¿Qué te impide hacer?

—Comunicarme un poco más, mi tendencia es a cerrarme.

—Cuando cuente hasta tres vas a volver al momento en que estás sola en el espacio. Uno... dos... tres... ¿qué estás experimentando?

—Me siento sola, no tengo escapatoria, algo de la Tierra me atrae, la naturaleza, la conexión con las plantas, los lugares, eso me gusta pero la sensación de estar sola ahí... No me gusta pasar por "esa cosa" —se refiere a lo que va a vivir.

—¿Alguien te dice lo que tienes que hacer?

—Tengo una sensación de soledad —llora.

—Vas a ir al momento en que te enteras de que vas a vivir "todo esto"...

—Tengo la sensación de que va a ser difícil, como si fuera algo para todo el grupo.

—Cuando cuente hasta tres vas a ir al momento que estás con ese grupo... Uno... dos... tres, estás ahí, ¿qué estás experimentando?

—Veo el accidente —cuando en esta vida sufrió una pérdida muy dolorosa— desde arriba, es de noche —llora—. ¡No quiero que pase eso!, lo estoy viendo desde arriba de los árboles, planificando eso, que servía para algo...

—Si supieras...

—Para mi evolución, me imagino que cambia la conciencia de la gente en general. A través del dolor, uno y el entorno evolucionan, valoran más la vida, desgraciadamente me tocó a mí.

—¿Qué sientes cuando tienes que hacer algo que no quieres hacer?

—Que va a ser para bien, que en el fondo va a ser mejor para mí hacerlo.

—*Y si supieras, ¿a qué se debe que te ofreciste para esta experiencia?*
—Para colaborar en algo, creo que la muerte tiene a la gente muy perdida, ayudar a los que han pasado por esto, dar un granito de arena... entre la vida y la muerte... Que yo puedo ayudar en algo porque tengo inquietud... puedo colaborar porque tengo un descreimiento tan grande —sobre la existencia del alma más allá de la muerte—. Porque tengo un motivo muy grande para averiguar. Esa inquietud..., quizá si no me hubiera pasado esto no la hubiera tenido. Estoy en la búsqueda, en el camino.
—*¿De qué manera puede beneficiar a tu alma pasar por esta experiencia?*
—Dar cariño, conectarme con los demás y sus sentimientos, me importa cuando alguien sufre mucho.
—*Vas a ir al momento cuando te resistes a ir al cuerpo...*
—No me queda otra.
—*Siente eso... ¿En qué parte del cuerpo lo siente?*
—En todo el cuerpo, contracturas..., como algo que no quiero hacer, como una defensa. Ganas de escaparme.
—*Cuando cuente hasta tres vas a ir a momentos antes de tu nacimiento... Uno... dos... tres...*
—No quiero nacer y nadie quiere que nazca.
—*Y esto de "no quiero nacer y nadie quiere que nazca", ¿qué te hace hacer en tu vida ahora?*
—Siento que hay algo mío que no les va a gustar, cuando era pequeña no hablaba, era tímida.
—*Cuando cuente hasta tres vas a ir a momentos antes de tu nacimiento, cuando empiezan las contracciones de tu madre... uno... dos... tres...*
—Me siento apretada en un lugar frío e inhóspito, donde nadie me recibe. Mamá está dormida, siento alivio porque no voy a verla. Siento la angustia de la soledad de mamá.
—*¿Dónde sientes la angustia de tu madre?*
—En el pecho.

—*Saca la energía de angustia del pecho, no te pertenece, no es tuya, es de tu madre... De esta experiencia, ¿cuál es el momento más terrible?*
—*Nacer.*
—*Cuando naces, ¿cuáles son tus reacciones físicas?*
—*Encogerme.*
—*Cuando te encoges, ¿Cuáles son tus reacciones emocionales?*
—*¡Qué tontería, no queda otra!*
—*Cuando sientes que "no queda otra"... ¿Cuáles son tus reacciones mentales?*
—*No me queda otra que pasar por esto, no tengo ganas.*
—*Y esto de "no me queda otra que pasar por esto, no tengo ganas, me encojo"... ¿qué te hace hacer en tu vida como Candelaria?*
—*Estar triste... No quiero esta situación de vida, es una contrariedad, no me queda otra...*
—*¿Qué te impide hacer?*
—*Ser feliz. No hay solución, no hay marcha atrás... vivir lo mejor posible esta situación...».*

Esta es una experiencia en el *espacio entre vidas antes de nacer*, que se desarrolló durante una regresión que fue más extensa. Darnos cuenta de que no somos víctimas de las experiencias dolorosas, sino que de alguna manera las elegimos para nuestra evolución y de los demás, nos ayuda a darle un sentido a nuestra vida... Saber que «*Dios no juega a los dados*»... Ver las experiencias desde *La Mirada del Águila*... mitiga nuestro dolor.

También podemos acceder a la información de nuestro *plan de vida*, en una meditación guiada con preguntas acerca de nuestro propósito de vida, elección de los padres, lugar de nacimiento, y lo que necesitemos saber.

Todos podemos recordar a qué vinimos..., qué planeamos para esta nueva oportunidad de evolución... Y si lo estamos haciendo bien... ¡O nos desviamos del camino como Caperucita, distraídos por las flores de colores!

María, la Madre de Dios...

Quiero dedicar un espacio muy especial para *María la Madre*, ya que muchas veces se presenta en las regresiones para dar mensajes de esperanza... Son mensajes universales...

Gabriela, durante su regresión ve a alguien que se le acerca...

«—*Si supieras... ¿quién es?*

—*Es la Virgen María...*

—*¿Te dice algo?*

—*Sí... me dice que puedo pensar, que no me preocupe tanto, que no puedo andar en esos enredos... que las cosas se hacen de una en una y no esa desesperación de hacer muchas cosas..."Busca la paz interior y eso va a hacer que puedas hacer las cosas mucho mejor", me dice. Me habla mucho de la paz interior, del silencio, de encontrarme conmigo misma para después poder darme a los demás. Del entendimiento, de la escucha, de la serenidad..., de que nunca me va a faltar su cariño y su apoyo. Que se lo tengo que pedir, pero nunca me va a faltar. Que aprenda a pedir. No es tan importante hacer tantas cosas para que me quieran. Que eso no es el verdadero amor... "engañan a la gente", dice...; por eso me cuesta tanto pensar, porque pienso qué es lo que le agrada al otro y no estoy actuando naturalmente. Me recalca una y otra vez que ella me va a dar su protección y su cariño. Tengo que vivir cada día y no proyectarme. No puedo estar haciéndome mala sangre por cosas que pueden pasar como no. Que me preocupa demasiado el pasado y el futuro y eso me hace perder la calma. Me habla mucho de la paz.*

»*Esa presencia de Ella me hace muy bien. Emana esa luz azul celeste, que tranquiliza todo mi cuerpo. Me siento feliz, tranquila, sin preocupaciones, me da más fuerza para encarar las cosas. Dice que yo soy capaz de poner orden en mi vida y en la vida de los que me rodean y tengo que hacerlo. Me da empuje. Me dice que termine con esos miedos, que puedo avanzar, que tengo que avanzar... Siento mucha vitalidad, vitalidad serena. Tengo mucha paz».*

Sin duda un mensaje universal..., mis queridos lectores. Nos habla a cada uno de nosotros. Que sus palabras permanezcan en el corazón y en el alma de todos vosotros, que me acompañásteis en estas páginas que con tanto amor escribí, con la intención de sembrar una semillita de esperanza, consuelo y paz en este mundo que todos compartimos... todos los seres vivos..., el Universo entero.

Significativamente, terminé de escribir este primer libro a los diez años de la partida de mi hijo a la Luz, a la edad de diez años, y también, en el día en que depositamos en las entrañas de la Madre Tierra el cuerpo de mi querida tía Nené, que alegró nuestra infancia, la de sus hijos, amigos, nietos y bisnietos con su guitarra, su baile y sus canciones.

Bibliografía recomendada

«Tú y yo somos diferentes, solo porque hemos caminado por jardines diferentes, hemos leído libros diferentes...»

DEEPAK CHOPRA

Altea, Rosemary. *El Águila y la Rosa*. Ediciones B, Barcelona, 1996.

Betthelheim, Bruno. Freud And Man's Soul (*Freud y el alma humana*), Penguin Books, 1991.

Boissiere Robert. *Meditations With The Hopi*. Bear and Company, Rochester, Vermont, 1986.

Bowman, Carol. *Children's Past Lives. How Past Lives Memories Affect Your Child (La Vida Pasada De Los Niños. Cómo la Memoria de Vidas Pasadas afecta su hijo)*. Bantam Books, 1998.

Cabobianco, Flavio M. *Vengo del Sol*. Longseller. Buenos Aires, Argentina, 2000.

Cabouli, José Luis. *La Vida antes de nacer*. Ediciones Continente, Buenos Aires, 2000.

Cabouli, José Luis. *Muerte y Espacio entre Vidas*. Ediciones Continente, Buenos Aires, 1996.

Cabouli, José Luis. *Terapia de la Posesión Espiritual, Técnica y Práctica Clínica*. Ediciones Índigo, Barcelona, 2006.

Cabouli, José Luis. *Terapia de Vidas Pasadas, un camino hacia la luz del alma*. Ediciones Continente, Buenos Aires, 2001.

Cerezzo Frex, Arcángelo. *La Reencarnación en el Mensaje de Cristo. Hacia una nueva y antigua comprensión del cristianismo*. Colección religiones, Autoayuda y Crecimiento. Libros en red. Primera edición en español en versión digital, 2011.

Chatelain, Maurice. *Nuestros Ascendientes llegados del Cosmos*. Plaza y Janés, 1.ª edición, España, 1977.

Chopra, Deepak. *Ageless Body. Timeless Mind. A Practical Alternative To Growing Old*. Random House, London, 1993.

Chopra, Deepak. *Uncondicional Life. Mástering the forces That Shape Personal Reality*. Bantam Books, EE. UU., 1991.

Delgado, Jorge Luis y Mary Ann Male, PhD. *Andean Awakening. An Inca Guide to Mystical Perú (El despertar Andino, una guía sobre el Perú místico)*. Council Oak Books, San Francisco, Tulsa, 2006.

Eco, Umberto. *Construir al Enemigo*. Lumen, 2013.

Fiore, Edith, *La Posesión*, Edaf, Madrid, 1988.

Gawain, Gawain. *Visualización Creativa*. Aletheia, Buenos Aires, 1986.

Grecco, Eduardo H. *Despertando el Don Bipolar. Un camino hacia la cura de la inestabilidad emocional*. Ediciones Continente, Buenos Aires, 2004.

Grecco, Eduardo H. *La bipolaridad como Don. Cómo transformar la inestabilidad emocional en una bendición*. Ediciones Continente, Buenos Aires, 2003.

Harner, Michael PhD. Curación Chamánica: no estamos solos. Entrevista de Bonnie Roigan para *Alternative Therapies Magazine*.

Hickman, Irene. *Desposesión a Distancia (Remote Despossession)*. Ediciones Índigo, Barcelona, 2007.

Huxley, Aldous, *La Filosofía perenne (The perennial philosophy)*. Editorial Sudamericana, Buenos Aires, 1999.

Ingerman, Sandra. *Recuperación del Alma. Sanando el alma fragmentada (Soul Retrival, mending the fragmented Self)*. Círculo Chamánico, Buenos Aires, 1995.

Kardec, Allan, *El Libro de los Espíritus*. Kier, Buenos Aires. 2006.

Kennedy, Alex (Dharmachari Subhuti). *La Rueda, La Espiral y El Mandala. Teoría y Práctica del Budismo*. Edicomunicación, Barcelona, 1992.

Krystal, Phyllis. *Cortando los lazos del karma*. Deva's, Buenos Aires, 2002.

Kübler-Ross, Elisabeth y Davis Kessler. *(Life Lessons) Lecciones De Vida*. Ediciones B para el sello Javier Vergara Editor, 2002.

Kübler-Ross, Elisabeth. *Conferencias (Death is of vital importance) Morir es de Vital Importancia*. Luciérnaga, 1996.

Kübler-Ross, Elisabeth *(The Wheel of Life). La Rueda de la Vida*. Ediciones B. para el sello Javier Vergara Editor, 2003.

Kübler-Ross, Elisabeth. *La muerte: un amanecer (Uber den Tod und das Leben darach)*. Luciérnaga, Barcelona, 1989.

Kübler-Ross, Elisabeth. *Sobre la muerte y los moribundos (On Death and Dying)*. Grijalbo Mondadori, 1975.

Maeterlinck, Maurice. *Los Senderos de la Montaña*. Editorial Tor, 1940.

Máslow, Abraham. *La personalidad creadora*. Kairós/Troquel, Buenos Aires, 1991.

Merlo, Vicente. *La Reencarnación. Clave para entender el sentido de la vida. Concepciones antiguas y modernas de la reencarnación*. Editorial Sirio, 2007.

Moody, Raymond A. *Regresiones (Coming Back)*. Edaf, Buenos Aires, 1999.

MSM (textos escritos con la colaboración de Julie Roux-Perino. Asesoramiento histórico: Anne Brenon). *Los Cátaros*. Tolosa, Fournié, 2008.

Perry, Foster. *Cuando un rayo alcanza un colibrí. El despertar de un chamán*. Del Nuevo Extremo, Buenos Aires, 2003.

Perry, Foster. *The Violet Forest. Shamanic Journeys in the Amazon (El bosque violeta, viajes chamánicos en el Amazonas)*. Bear and company publishing, 1960.

Ponce de León Paiva, Antón. *En Busca del Anciano*. Deva's, Buenos Aires, 2005.

Ponce de León Paiva, Antón. *Y el anciano habló*. Deva's, Buenos Aires, 2006.

Powers, Rhea. *Hacia la luz*. Errepar, Buenos Aires, 1993.

Prophet, Elizabeth Clare y Erin L. Prophet. *Reencarnación, El Eslabón Perdido de La Cristiandad*. Arkano Books, 2002.

Ramacharaka, Yogi. *Bhágavad-guitá: el mensaje del maestro*. Kier, Buenos Aires, 2009.

Revel, Jean-François y Ricard, Matthieu. *El Monje y el Filósofo*. Ediciones Urano, Barcelona, 1998.

Rinpoché, Guru según karma Lingpa. *El libro tibetano de los muertos. La gran liberación por audición en el bardo*. Shambala publications, Inc., 2000.

Ruiz, Miguel. *Los Cuatro Acuerdos. Un libro de sabiduría tolteca*. Ediciones Urano, Barcelona, 1998.

Shankar Ravi. El Maestro/Sri Sri Ravi Shankar. El Arte de Vivir, Buenos Aires, 2007.

Stevenson, Ian. *Twenty Cases Suggestive of Reincarnation (Veinte Casos que hacen pensar en la Reencarnación)*. Mirach, Madrid, 1992.

Torres, Raúl. *Universo Cuántico. Fundamentos científicos de la medicina energética. Modificación del comportamiento humano a través de los campos interferentes*. Ediciones Índigo, Barcelona, 2006.

Vallés, Carlos G. *¿Una Vida o Muchas? Un cristiano ante la reencarnación*. Ediciones San Alberto, 1996.

Vaughan, Frances. *El Arco Interno. Curación y totalidad en psicoterapia*. Kairós, Barcelona, 1990.

Verny, Thomás M.D. y Kelly, John. *La vida secreta del niño antes de nacer*. Ediciones Urano, Barcelona, 1988.

Villoldo, Alberto. *Las cuatro revelaciones*. Editorial Sirio S.A., España, 2006.

Villoldo, Alberto. *Chamán, Sanador, Sabio*. Obelisco, España, 2007.

Weiss, Brian: *Solo el amor es real*. Este libro fue digitalizado para distribución libre y gratuita a través de la red Digitalización: Ana Laura O., Revisión y Edición Electrónica de Hernán. Rosario, Argentina, 13 de Junio de 2003.

Weiss, Brian. *Los Mensajes de Los Sabios. (Messages from de Másters)*. Suma de letras, Madrid, 2001.

Weiss, Brian. *Muchas vidas, muchos Maestros. (Many Lives, Many Másters)*. Suma de letras, Argentina, 2002.

Wilber, Ken. *El espectro de la conciencia*. Kairós, Buenos Aires, 1990.

Wilber, Ken. *La conciencia sin fronteras. Aproximaciones de Oriente y Occidente al Crecimiento Personal*. Kairós/Troquel, Buenos Aires, 1990.

ECOSISTEMA DIGITAL

NUESTRO PUNTO DE ENCUENTRO

www.edicionesurano.com

2 AMABOOK
Disfruta de tu rincón de lectura y accede a todas nuestras **novedades** en modo compra.
www.amabook.com

3 SUSCRIBOOKS
El límite lo pones tú, **lectura sin freno**, en modo suscripción.
www.suscribooks.com

DISFRUTA DE 1 MES DE LECTURA GRATIS

1 REDES SOCIALES:
Amplio abanico de redes para que **participes activamente**.

4 APPS Y DESCARGAS
Apps que te permitirán leer e **interactuar con otros lectores**.